ATTIVITÀ MUSICALE AD ACITREZZA DAL 2006 AL 2017

GRAZIANO D'URSO

2020

Attività musicale ad Acitrezza dal 2006 al 2017

Lulu.com, Morrisville, NC.

ISBN: 978-0-244-87174-1

INTRODUZIONE

Quante sono state le esperienze musicali ad Acitrezza, con riferimento all'attività performativa "dal vivo"? Sicuramente nei decenni se ne contano diverse: bandistiche, orchestrali, di piccoli gruppi, ensemble, band, cori, etc., da quando una qualche sensibilità musicale si sia insediata nel borgo marinaro sino ad oggi.

Io ho avuto la fortuna – a cavallo dei primi due decenni degli anni 2000 - di far parte di alcune di queste, e ho deciso di raccontarle in questo libro, per lasciare una testimonianza per il futuro.

Mi sono già cimentato nella narrazione (per molti aspetti autobiografica) delle attività musicali che mi hanno coinvolto, come per esempio "*I miei trent'anni. Autobiografia di un musicista*"[1] e "*Memorie di un cantante. Approccio all'Opera Lirica*"[2]. Di questo secondo titolo mi accingo e redigere in tal guisa una sorta di *prequel*: la serie di eventi che hanno preceduto la ma carriera operistica iniziata nel 2017.

Al primo dei titoli citati invece rimando per il racconto delle esperienze musicali di cui non sono stato

---

[1] GRAZIANO D'URSO, *I miei trent'anni. Autobiografia di un musicista,* Raleigh, Lulu, 2020.

[2] GRAZIANO D'URSO, *Memorie di un cantante. Approccio all'Opera Lirica,* Raleigh, Lulu, 2020.

fondatore ma solo partecipe come l'Orchestra d'Eccellenza (poi "Riviera dei Ciclopi") e la Corale Polifonica dell'Istituto Comprensivo Statale "Roberto Rimini" di Acitrezza.

Questo libro però – pur mantenendo un punto di vista soggettivo – racconta la storia di tanti personaggi, e non solo la mia: tutti i musicisti coinvolti nei vari progetti musicali trezzoti nell'arco di un decennio.

Non cito solo nomi, ma anche eventi, rassegne, premi, iniziative, progetti, e come al solito impressioni, sensazioni, emozioni.

Seguirò una narrazione cronologica percorrendo i passi della Band "8ttONero", del Comitato Culturale "Akis Live Music Project", della "Galatea – L'Orchestra del CSA" e di tutte le altre realtà musicali che sono entrate in contatto con queste.

Lascio pertanto spazio alla serie degli eventi così come riportati nei diari che per un decennio ho tenuto gelosamente, arricchiti dalla maturità del tempo in cui si scrive.

Auguro quindi a lettrici e lettori una buona fruizione della storia musicale di Acitrezza dal 2006 al 2017.

Marzo 2020

Graziano D'Urso

1. Band 8ttONerO

1.1. Sinossi

Gli 8ttONerO nascono il 5 Agosto del 2007 "sul palco naturale di Aci Trezza" in occasione della festa finale della seconda edizione dell'Oratorio Estivo organizzato dalla Pastorale Giovanile della Parrocchia "San Giovanni Battista di Aci Trezza". Non c'è stata un'idea di organizzazione: dopo l'esibizione gli è stato chiesto il nome della band e loro hanno risposto 8ttONerO.[3]

Graziano D'Urso ed Andrea Di Maria da tempo suonavano insieme, conosciutisi presso l'oratorio del loro paese, e per quella sera vollero esibirsi accompagnati da due coriste: Erika D'Ambra ed Oriana Bossone. La band era composta da due chitarre (tra cui il cantante) ed un coro, e ben presto anche di una tastiera, suonata dalla stessa Erika.

---

3 Il nome 8ttONerO ha una storia semplice alle spalle, ma caratteristica: nel 2007 Graziano D'Urso, coi suoi amici, si recava una volta alla settimana a giocare a biliardo in una sala giochi a Catania. Rimase talmente colpito da una particolare modalità di gioco, chiamata appunto "otto nero", che cominciò a nominarlo e ripetere in continuazione questo nome agli amici per distrarli ed innervosirli nel gioco, in modo da poter vincere ad ogni mano. Divenne come una fissazione, e credendo di avere la stessa fortuna che ebbe nel gioco, diede questo nome alla band, quando gli fu chiesto il 5 Agosto 2007.

A distanza di qualche mese Oriana, per problemi di entrambe le parti, non fece più parte della band, anche se fece un'altra apparizione insieme agli altri membri un anno dopo. Mario Grasso supplì per un certo tempo il nuovo batterista Giovanni Cacciaguerra (30 Marzo 2008), che nel frattempo si stava preparando per entrare nella band. Altro ingresso, contemporaneo all'entrata di Cacciaguerra, fu Seby Patané al basso, che come Oriana Bossone, ebbe una breve durata all'interno del gruppo.

Al contempo anche Erika uscì dalla band, venendo meno la voce femminile e la tastiera. Venne il momento in cui Francesco Di Gregorio, caro amico dei membri della band, entrò a far parte di questa, in un primo momento come supplente di Patanè al basso, in un secondo momento come membro effettivo (18 Agosto 2008). Nella seconda metà dell'anno 2008 la band era così formata: Graziano D'Urso (Chitarra e Voce), Andrea Di Maria (Chitarra e Voce), Giovanni Cacciaguerra (Batteria e percussioni), Francesco Di Gregorio (Basso).

L'anno 2009 si aprì con l'intenzione di inserire un nuovo membro nella band: si pensò in un primo momento ad un sassofonista, poi ad un violinista, ma alla fine si decise per un tastierista. Quindi entrò nella band Davide Marano, ma quasi subito venne sostituito con Alessio Sferro (28 Febbraio 2009).

Nell'Agosto 2010, in preparazione dell'annuale Festival "Città di Aci Trezza", fece il suo ingresso, anche se non permanente, Angelo Puglisi alla chitarra solista. Nella seconda metà dell'anno 2010 la band era così formata: Graziano D'Urso (Chitarra Ritmica e Voce), Andrea Di Maria (Chitarra Ritmica e Voce), Giovanni Cacciaguerra (Batteria e percussioni), Francesco Di Gregorio (Basso e Voce), Alessio Sferro (Piano, Tastiere e Voce), Angelo Puglisi (Chitarra Solista).

La band fissa restò però quella dei cinque del 2009, e ciò si confermò in occasione della Novembrata 2010, quando il tentativo di aggiungere un'altro solista al posto di Angelo Puglisi non andò in porto: Francesco Aiello. La motivazione era semplice: lo stretto legame di amicizia dei cinque amici non era compatibile con la logica competitiva e meccanica di una band.

Genere della band Gli 8ttONerO hanno suonato diversi generi musicali dagli inizi al giorno d'oggi, ed il più delle volte hanno tentato di reinterpretare i pezzi aggiungendo un tocco di personale, come ad esempio doppie voci, cori, e maggiore grinta in presenza della tastiera (Alessio Sferro).

In ordine di esecuzione questi sono stati i generi interpretati dalla band, scandendo in un certo modo anche delle "stagioni" della stessa: 2007 - Pop - Pop Rock 2008 - Punk Rock - Rock 2009 - Beat Rock -

Rock 'n Roll 2010 - Progressive Rock - Hard Rock 2011 - Blues - Blues Rock.

1.2. Dall'esordio all'ultimo festival

La nascita della Rock Band **8ttONerO** è preceduta dal alcuni antefatti che riguardano l'incontro dei due fondatori nell'estate del 2006 in attività di volontariato.

L'11 Luglio 2006 Graziano D'Urso e Andrea Di Maria, due giovanissimi chitarristi, si incontrano per la prima volta nella chiesa Santa Maria La Nova di Acitrezza. I due vengono presentati dai responsabili animatori dell'oratorio estivo e cominciano a conoscersi e ascoltarsi suonando per l'animazione dei gruppi dell'oratorio.

Due giorni più tardi Graziano e Andrea suonano insieme alla festa iniziale della I edizione dell'oratorio estivo della parrocchia San Giovanni Battista/Santa Maria La Nova di Acitrezza (CT).

Un mese dopo capita la seconda occasione pubblica (senza contare l'animazione durante il grest): la festa conclusiva della I edizione dell'oratorio estivo.

Quella sera alle chitarre c'era oltre al duo, Marcello Zappalà il chitarrista seminarista poi divenuto prete facente parte della parrocchia Santa Maria La Nova. Per l'amplificazione delle chitarre c'erano dei microfoni che venivano tenuti da terzi vicino la cassa della chitarra.

Il 5 Agosto 2007, in occasione della festa conclusiva della II edizione dell'oratorio estivo della parrocchia S. Giovanni Battista di Acitrezza avviene la fondazione della Band: prima esibizione degli 8ttONerO e data di nascita del gruppo di Graziano e Andrea, con Erika D'Ambra e Oriana Bossone come coriste.

Quella sera vennero eseguite: 1) Notte di mezza estate di Bennato e Britti 2) Splendido mio ricordo di Graziano D'Urso 3) Fumo e Cenere dei Finley.

L'evento ben riuscito ha portato l'idea di partecipare alla 15ª edizione festival della canzone "Città di Acitrezza".

Il 31 Agosto 2007, spinti dall'entusiasmo del 5 Agosto, il gruppo partecipa alla 15ª edizione festival della canzone "Città di Acitrezza", col brano inedito scritto da Graziano D'Urso: "Splendido mio ricordo", brano ricco di polifonia resa dalle tre voci e dalle chitarre, oltre al flusso armonico del sintetizzatore che seguiva la melodia della chitarra solista.

Nel Settembre seguente il gruppo ha partecipato al festival Nazionale dei Giovani Artisti tenutosi a San Gregorio di Catania, nella categoria Senior, sempre col brano inedito splendido mio ricordo e per la prima volta chiamati col nome 8ttONerO.

Fino a quel momento infatti l'ensemble era stato chiamato "Graziano D'Urso e la sua Band" negli articoli giornalistici di cronaca locale (come La Sicilia). Quella sera parteciparono Graziano, Andrea ed Erika. Il Festival fu organizzato dalla Metropolis Magic e fu diretto dal Mago Charlie e Alessia Sipione.

Nel Natale seguente v'è una esibizione al Hotel Marina Palace di Acitrezza in concomitanza della tombola organizzata per i bambini della parrocchia: per la prima volta accompagna il trio alla batteria Mario Grasso (a quell'epoca batterista stabile della band **Brahmins**). Mario Grasso è un amico di Graziano conosciuto in parrocchia e capo animatore prestatosi anche in altre occasioni musicali.

Il sound della band cominciava a prendere forma avendo una batteria, due chitarre e una tastiera, ma per quanto il sintetizzatore andava a coprire le tonalità più basse, si sentiva la necessità di avere un basso elettrico.

Il 30 Marzo 2008 – in occasione della festa di diciottesimo compleanno di Graziano - c'è l'inserimento ufficiale nel gruppo del batterista Giovanni Cacciaguerra e del bassista Sebastiano Patanè, anche se ufficiosamente le prove con loro due venivano fatte già da Ottobre per il primo e Dicembre per l'altro.

Per la prima volta tutti gli elementi dell'8ttONerO comprese le coriste si incontrano e suonano insieme:

Andrea Di Maria (Clark) chitarra ritmica, Mario Grasso (Bellamico) batteria in prestito dai Brahmins, Oriana Bossone coro, Erika D'Ambra tastiera/coro, Graziano D'Urso (Sigma) Chitarra solista/voce, Sebastiano Patanè (The Fonz) basso elettrico, Giovanni Cacciaguerra (Caccia) batterista (che suonò pure quella sera ma solo in pezzi strumentali).

Il 24 Maggio 2008, al liceo Scientifico Archimede di Acireale c'è stata la "giornata della creatività" con l'intervento di giocoleria, writers, sport, e cosa più importante complessi musicali. Dei 5 gruppi, tra i più conosciuti nell'ambiente musicale rock acese si sono esibiti anche gli 8ttONerO che per primi hanno suonato sul palco dell'Archimede con quattro pezzi più uno a cappella a grande richiesta. Sono state eseguite: Pregherò metal cover di Adriano Celentano, Eccoti di Max Pezzali, Fumo e cenere dei Finley, Seven Nation Army dei White Stripes.

Già il 24 Maggio 2008 Francesco Di Gregorio aveva suonato con gli 8ttONerO alla creatività sostituendo Seby Patanè, andando a studiare i cinque pezzi dell'esibizione in meno di un mese. Una citazione di quel periodo è stata: "Ciccio è diventato bassista in 3 ore...", essendo state davvero quelle le ore effettive di insegnamento dei pezzi, ma grazie alla partecipazione di Francesco al corso di chitarra che Graziano teneva alla parrocchia di Acitrezza, prepararlo è stato più che facile. Il 18 agosto 2008 Ciccio diventa il bassista ufficiale della band.

Il 3 Settembre 2008 gli 8ttONerO si sono esibiti al 16° festival della canzone "Città di Acitrezza" con una versione apprezzata e applaudita di Pregherò (metal cover) di Adriano Celentano. I presentatori hanno chiesto e invogliato la presenza del gruppo nelle successive edizioni come band ufficiale del festival di Acitrezza. Nella stessa occasione si sono esibiti i **Delta Life**, capitanati dal bassista degli 8ttONeO (Ciccio Di Gregorio) con U + ur hand di Pink. I due gruppi hanno presentato il nuovo volto della musica live Trezzota, apprezzati dal pubblico, dai presentatori e dagli organizzatori.

Alla festa parrocchiale dell'autunno successivo hanno allietato la parte musicale gli 8ttONerO e i Delta Life: è stata una grande serata, il primo concerto live dei due gruppi. Quindici pezzi degli 8ttONerO e cinque dei Delta Life sono stati ascoltati ed apprezzati oltre che applauditi da giovani e meno giovani spettatori durante la vendita per la raccolta fondi per l'oratorio.

Nel Natale successivo per la seconda volta al Liceo Scientifico Statale "Archimede" di Acireale gli 8ttONerO si sono esibiti al Xmas Party insieme ai Blind Spirits, Revengers, Weltschmerz. In quella occasione gli 8ttONerO, l'unica band formata interamente da alunni della scuola, ha presentato quattro brani inediti: Fly Never Again Splendido mio ricordo, Piangere per amore, Perché (tutti di Graziano D'Urso), e due cover più una su richiesta, ma prevedibile: Sultans of Swing dei Dire Straits (strumentale) The last of the moichans colonna sonora e Pregherò.

Il 20 Dicembre 2008 gli 8ttONerO inaugurano per la prima volta il palco delle feste d'istituto agli hotel, in una serata meravigliosa piena di gruppi live. Tra i Mechanical Butterfly e i Blind Spirits, gli 8ttONerO, indecisi fino all'ultimo dei brani da presentare hanno infine portato: Sultans of swings, L'ultimo dei moicani, Perché, Sweet dream/Seven Nation Army.

La conoscenza e l'amicizia stretta con gli altri gruppi hanno attenuato la tensione del debutto, anzi hanno stimolato ancora più portando un plauso di pubblico inaspettato. Per la serata abbiamo ringraziato: Gianluca Di Prima (DJ Kitto), Luca La Rocca (Barman), Enrico Grasso (direttore entrate), e una grazie immenso ai nostri fans che ci hanno ascoltato ed applaudito fino a più tardi della mezzanotte!!

Domenica 28 Dicembre, ultima esibizione del 2008 degli 8ttONerO all'oratorio di Acitrezza come unico gruppo della serata. Accompagnato da poesia, cibo, bevande e brio, il gruppo di casa ha eseguito dieci pezzi, di cui quattro inediti: Fly Never Again, Splendido mio ricordo, Perché, Piangere per amore, e sei Cover: Heroes di David Bowie, Sultans of swing, L'ultimo dei moicani, Pregherò, Svalutation di Adriano Celentano, Seven Nation Army/Sweet dream.

Il 4 Gennaio 200, per inaugurare il nuovo anno musicale gli 8ttONerO attraversano la piana di Gela per esibirsi nella terra natale del batterista Giovanni Cacciaguerra: Niscemi. Per l'11° Concerto di Beneficenza per l'associazione genitori di soggetti diversamente abili di Niscemi, tra la qualificatissima schiera di artisti, si esibisce pure il gruppo d'oltre piana, eseguendo due brani propri riscuotendo i migliori complimenti da un pubblico che ha apprezzato ed applaudito più di ogni altro le esecuzioni dei brani inediti del gruppo. La serata ha riscosso un successo rilevante ed ha raccolto una somma di 1.150 € da devolvere all'associazione. Il gruppo 8ttONerO, ha trascorso la notte nella città prima di ritornare in provincia di Catania. I brani eseguiti sono stati: Perché e Fly Never Again. Per questo tour abbiamo ringraziato Santo Di Maria, Antonella Chiarenza, Giuseppe Cacciaguerra, e la sezione scout di Niscemi "Baden-powell".

Sabato 14 Marzo gli 8ttONerO si sono esibiti per una serata intera coprendo due ore di repertorio al ristorante-pizzeria Santa Tecla Tower davanti ad un pubblico di 75 persone venute per ascoltare la band pop/rock trezzota. Il gruppo ha manifestato la formazione 2009 per la prima volta in pubblico con: Graziano D'Urso: Chitarra solista/voce, Andrea Di Maria: Chitarra ritmica/Voce, Francesco Di Gregorio: Basso elettrico/coro, Giovanni Cacciaguerra: Batteria/percussioni, Alessio Sferro: Tastiera/Piano.

Sono state eseguite: Gli anni di Max Pezzali, Eccoti, Hanno ucciso l'uomo ragno di Max Pezzali, Perché, Splendido mio ricordo, Piangere per Amore, Fly Never Again. The House of the rising sun degli Animals, Pregherò rock, Svalutation, Sultans of Swing, L'ultimo dei moicani, Seven Nation Army, Sweet home alabama Per quella occasione abbiamo ringraziato: Enrico Grasso – Manager, Santo Di Maria – Staff, Giuseppe Cacciaguerra – Staff, Delta Life - ausilio attrezzatura.

Venerdì 24 Aprile nei locali dell'oratorio parrocchiale di Aci Trezza gli 8ttONerO si sono esibiti per l'evento "Serata dei Talenti" insieme a tanti altri artisti del paese oltre ai Delta Life.

Il gruppo di casa ha presentato un repertorio tutto beat per la prima volta con tre cover degli Animals, gruppo britannico degli anni 60-70. Il pubblico ha potuto applaudire ed ascoltare: 1 - The House of the Rising Sun 2 - I believe To My Soul 3 - Please don't let me be Misunderstood.

La serata di beneficenza per la ristrutturazione dell'oratorio ha goduto della presenza di artisti di primordine e di presentatrici e presentatori capaci e coinvolgenti. Per quella occasione abbiamo ringraziato: Padre Giovanni Mammino, Mario Grasso, Santo Di Maria. Giuseppe Cacciaguerra, Anna Maria Finocchiaro, Antonella Chiarenza.

Venerdì 29 Maggio 2009, al diciottesimo compleanno di Andrea Di Maria (Clark), 8ttONerO e Delta Life, al ristorante Parco dei Ciclopi ad Acitrezza, hanno animato la serata con un repertorio di sei pezzi ciascuno preparato per l'occasione. Gli 8ttONerO portano per la seconda volta i tre pezzi del repertorio Rock n' Roll e tre del repertorio Pop/Rock 883/Pezzali tra cui due mai eseguite: 1 - The house of the rising sun 2 - I believe to my soul 3 - Please don't let me be misunderstood 4 - Mezzo pieno Mezzo vuoto 5 - La regina del celebrità 6 - Hanno ucciso l'uomo ragno. Per quella occasione abbiamo ringraziato Santo Di Maria, e i Delta Life.

Il 30 Maggio 2009 gli 8ttONerO hanno partecipato a Liceopoli, la festa di fine anno di Liceo Scientifico Statale "Archimede" di Acireale e Liceo Classico "Gulli e Pennisi" di Acireale, organizzata dagli Olimpus Group. Fra i sette gruppi gli 8ttONerO hanno presentato un repertorio composta da tre pezzi Rock n' Roll (Cover Animals) rielaborati e tre pezzi Pop/Rock (Cover 883-Pezzali), salendo sul palco alle 00.25. 1 - The house of the rising sun 2 - I believe to my soul 3 - Please don't let me be misunderstood 4 - Mezzo pieno Mezzo vuoto 5 - La regina del celebrità 6 - Hanno ucciso l'uomo ragno. L'evento ha visto la partecipazione di 1500 ragazzi fra le due sale LIVE e DISCO. Per la festa più riuscita dell'intero anno e del territorio acese gli 8ttONerO ringraziano: Olimpus Group, Fabio Bella, Peppe Grasso, Karbonica, Warhead.

Domenica 14 Giugno 2009, in occasione del diciottesimo compleanno di Giovanni Caccia, gli 8ttONerO hanno animato la serata con cinque pezzi Rock N' Roll e Blues dagli Animals ai Rolling Stones: 1-Please don't let me be misunderstood 2-Paint it black 3-I Believe to my soul 4-The house of the rising sun 5-Blues con Alessio Sferro alla tastiera

Venerdì 4 Settembre 2009 gli 8ttONerO, insieme ai Brahmins ed ai Delta Life, hanno partecipato al 17° festival della canzone "Città di Aci Trezza" classificandosi al primo posto per la categoria band. Hanno eseguito una rielaborazione di The House of the Rising Sun degli The Animals. Per l'occasione sono stati ringraziati Delta Life e soprattutto i Brahmins per la partecipazione al festival. Al di là della classificazione, tutti e tre le band hanno sfoggiato il meglio della musica Live di Aci Trezza.

Sabato 7 Novembre 2009 nei locali dell'oratorio parrocchiale di Acitrezza alle 19.00 ha avuto luogo la

2° edizione della festa d'Autunno organizzata dal gruppo famiglie per allestire una raccolta fondi di beneficenza per la ristrutturazione dei locali parrocchiali. La serata ha visto la partecipazione di alcuni artisti trezzoti, alcuni dei vincitori del 17° festival della canzone "Città di Acitrezza" delle rispettive categorie. Gli 8ttonero con un repertorio di otto pezzi hanno animato la serata con: - The House of the rising sun - Please don't let me be misunderstood - I believe to my soul - Rock on - More then feeling - Come together - Hold the Line - Blues di Alessio

Mercoledì 6 Gennaio 2010 gli 8ttONerO aprono il nuovo anno esibendosi per la seconda volta sul palco del Centro Sociale della città di Niscemi per il 12° concerto di Beneficenza Pro vittime dell'alluvione che ha colpito i paesi in provincia di Messina il 1° Ottobre 2009.

Gli 8ttONerO, con Alessio Sferro alla tastiera per la prima volta su questo palco, si esibiscono con "The House of the rising sun" (Animals cover) e "La Compagnia" (Battisti-Vasco cover). L'esibizione a Niscemi è sempre un evento importante tra le manifestazioni in cui gli 8ttONerO preferiscono apparire, ed è da considerare una esperienza di confronto e conoscenza con i virtuosi musicisti d'oltre piana con cui la band si rapporta in queste occasioni, delle quali ne è sempre soddisfatta ed entusiasta. Per l'occasione è stata ringraziata la sezione Scout di Niscemi "Baden Powell", il centro educativo scout "Francesco Salerno".

Lunedì 6 Settembre 2010 gli 8ttONerO si sono esibiti al 18° Festival della canzone "Città di Acitrezza". "Per loro un gradito ritorno..." così scriveva la Sicilia del 2 Settembre, presentando calorosamente la band trezzota. I sei ragazzi (con Angelo Puglisi alla chitarra solista, "in prestito" per questa manifestazione") sono saliti sul palco alle 22.30 e si sono esibiti con una cover reinterpretando un pezzo della celebre band "Toto": Hold the Line. La band è stata seguita dal nuovo complesso "**Route17**" il cui leader e bassista è Seby Patanè, vecchia conoscenza degli 8ttONerO, nonché cugino di Graziano D'Urso.

Sabato 20 Novembre 2010, a distanza di due mesi e mezzo circa dall'ultima esibizione, in occasione della III edizione della Festa d'Autunno 2010 della Parrocchia San Giovanni Battista di Aci Trezza, gli 8ttONerO sono tornati sul palco trezzoto allietando con la loro musica la serata di solidarietà e beneficenza, intervistati pure da una rete televisiva locale. Per la prima volta accompagnava la band il giovane solista Francesco Aiello, integrando il sound del gruppo di casa.

Alla serata hanno partecipato anche alcuni cantanti trezzoti. Sono stati eseguiti per quell'evento: -

Please don't let me be misunderstood - I believe to my soul - The house of the rising - Hold the line - The eye of the Tiger - La compagnia - Blues di Alessio. Per l'occasione sono stati ringraziati: Mario Grasso per la batteria, Santo Di Maria per l'attrezzatura audio e per le luci, La Parrocchia San Giovanni Battista per l'amplificazione

Gli 8ttONerO tornano sul palco del 19° Festival della Canzone "Città di Aci Trezza" Venerdì 2 Settembre 2011 per l'ultima esibizione, posizionandosi primi classificati della categoria "Gruppi" con il celebre brano dei Blues Brothers "Sweet Home Chicago". Duemila spettatori hanno potuto apprezzare la ShowBand trezzota mentre intonava le note della colonna sonora del famoso film per una durata di circa nove minuti divertendo il folto pubblico, riproducendo il pezzo nella sua originale stesura.

La formazione di quell'anno ha visto la presenza della sezione dei fiati, composta da Daniele Jimmy Lombardo (Sax) e Dario Scimone (Tromba). Gli otto componenti degli 8ttONerO hanno così aggiunto alla loro bacheca il terzo trofeo di primo classificato a questo Festival.

Le altre band in gara sono state: **Cool Break System** (con la presenza di amici quali Angelo Puglisi e Daniele Jimmy Lombardo), e gli **Hybrid27** (con la presenza di amici quali Seby Patané e Giancarlo Patané).

Termina così la parabola degli 8ttONerO, dal 5 agosto 2007 al 2 settembre 2011. Da quel momento nessun'altra band ha più partecipato al Festival della Canzone "Città di Acitrezza".

L'eredità musicale della più premiata band di Acitrezza è stata raccolta anni più tardi dal Comitato Culturale "Akis Live Music Project" e dalle sue varie formazioni musicali.

1.3. Formazioni

8ttONerO 0A (2007): Graziano D'Urso (Chitarra solista e voce), Andrea Di Maria (Chitarra ritmica), Erika D'Ambra (Coro), Oriana Bossone (Coro).

8ttONerO 0B (Brahminero): Graziano D'Urso (Chitarra solista e voce), Andrea Di Maria (Chitarra ritmica), Erika D'Ambra (Tastiera e Voce), Mario Grasso (Batteria).

8ttONerO 1A: Graziano D'Urso (Chitarra solista e voce), Andrea Di Maria (Chitarra ritmica), Erika D'Ambra (Tastiera e Coro), Oriana Bossone (Voce), Seby Patané (Basso), Giovanni Cacciaguerra (Batteria).

8ttONerO 1B (2008): Graziano D'Urso (Chitarra solista e voce), Andrea Di Maria (Chitarra ritmica), Giovanni Cacciaguerra (Batteria), Ciccio Di Gregorio (Basso).

8ttONerO 2A: Graziano D'Urso (Chitarra solista e voce), Andrea Di Maria (Chitarra ritmica e Voce), Giovanni Cacciaguerra (Batteria), Ciccio Di Gregorio (Basso), Davide Marano (Tastiera).

8ttONerO 2B (2009): Graziano D'Urso (Chitarra solista e voce), Andrea Di Maria (Chitarra ritmica e Voce), Giovanni Cacciaguerra (Batteria), Ciccio Di Gregorio (Basso e Voce), Alessio Sferro (Tastiera e Voce).

8ttONerO 3A (2010): Graziano D'Urso (Chitarra solista e voce), Andrea Di Maria (Chitarra ritmica e Voce), Giovanni Cacciaguerra (Batteria), Ciccio Di Gregorio (Basso e Voce), Alessio Sferro (Tastiera e Voce), Angelo Puglisi (Chitarra Solista).

8ttONero 3B: Graziano D'Urso (Chitarra solista e voce), Andrea Di Maria (Chitarra ritmica e Voce), Giovanni Cacciaguerra (Batteria), Ciccio Di Gregorio (Basso e Voce), Alessio Sferro (Tastiera e Voce), Francesco Aiello (Chitarra Solista).

8ttONerO 4A (2011): Graziano D'Urso (Chitarra solista e voce), Andrea Di Maria (Chitarra ritmica e Voce), Giovanni Cacciaguerra (Batteria), Ciccio Di Gregorio (Basso e Voce), Alessio Sferro (Tastiera e Voce), Angelo Puglisi (Chitarra Solista), Daniele "Jimmy" Lombardo (Sassofono), Dario Scimone (Tromba).

1.4. Articoli di giornale e comunicati stampa

ACITREZZA. Via alla 15° edizione del festival canoro S'inizia stasera alle 20.30, nello scalo di alaggio, la 15° edizione del Festival della canzone "Città di Acitrezza". La rassegna canora, organizzata per i festeggiamenti della Madonna della Buona Nuova, presentata da Giovanni Valastro e Vera D'Ambra, vedrà la partecipazione di giovani cantanti accompagnati da una base musicale preparata dal maestro Giovanni Giuffrida. Attesa per l'intervento du zu Turi "U Scularu" e per il musicista di casa Graziano D'Urso col suo ultimo successo "Splendido mio ricordo". Sarà anche premiata la vincitrice del torneo di calcio a 3 "Trofeo Madonna della Buona Nuova".

ACITREZZA. Successo e tre vincitori per il 15° festival della canzone. Ha riscosso un grande successo la 15° edizione del festival della canzone "Città di Acitrezza" che si è tenuto lo scorso Venerdì 31 Agosto, nello scalo di alaggio del paese rivierasco. Alla manifestazione, hanno partecipato diciotto cantanti dai 5 ai 60 anni, che sono stati divisi nelle categorie "Mini", "Medi" e "Max", ed hanno interpretato i loro brani supportati da una base musicale, preparata dal maestro trezzoto Giovanni Giuffrida. Al termine della serata, la giuria presieduta dal maestro Salvo Troina ha decretato vincitori per la categoria "Mini" Alessio Palumbo che ha cantato "Pensa" di Fabrizio Moro, per la categoria "Medi" il giovane cantautore trezzoto Graziano D'Urso che ha interpretato con la sua band "Splendido mio ricordo" di cui è lo stesso autore, ed infine Nino D'Ambra e la figlia Erika si sono aggiudicati il primo posto nella categoria "Max" con la canzone "Un corpo ed un'anima" di Wess e Dory Ghezzi. Nel corso della serata, presentata come sempre da Giovanni Valastro con la collaborazione di Vera D'Ambra ed Agata Valastro, non sono mancate le barzellette e le poesie del mitico Zio Turi detto "U scularu", e le esibizioni della scuola di danza "Lory school dance" di Acitrezza. Gradita ospite della serata, è stata la piccola Gea Livia Zarba vincitrice lo scorso anno della categoria "Mini" con il brano "Volare" di Domenico

Modugno. La giovane interprete ha incantato il folto pubblico sulle note di "C'era un ragazzo" di Gianni Morandi. Infine, la manifestazione canora è stata anche un'occasione per premiare i vincitori del Torneo di calcio a 3 "Trofeo Madonna della Buona Nuova", giunto alla sua terza edizione, e che si è tenuto dal 18 al 31 Agosto in piazza Giovanni Verga ad Acitrezza."

ACITREZZA. 16° Festival della canzone "Città di Acitrezza" C'erano più di 1.500 spettatori, Mercoledì sera, allo Scalo di alaggio di Acitrezza per seguire la fase finale del 16° Festival della canzone "Città di Acitrezza". La rassegna canora del piccolo borgo marinaro, organizzata come sempre nell'ambito della festa in onore della Madonna della Buona Nuova dalla commissione per i festeggiamenti e patrocinata dal comune di Acicastello, ha visto anche quest'anno la presenza di ben diciannove cantanti e due gruppi musicali. A vincere il primo, il secondo ed il terzo girone, sono stati rispettivamente Caterina Lo Faro che ha interpretato la canzone "E poi" di Mina, Nancy Lembo con il brano "Why" di Randy Crawford ed, infine, Ivana Buccheri che ha cantato magistralmente "I have nothing" di Whitney Houston. Un trionfo tutto al femminile, dunque, premiato con le coppe offerte dall'amministrazione comunale castellese, alla presenza del vice sindaco Marisa Ferlito, degli assessori Turi Mirabella e Franco La Rosa, e del consigliere provinciale Enzo D'Agata. Nel corso della serata, presentata da Giovanni Valastro, Vera D'Ambra e Loredana Grasso, con la collaborazione della bellissima Graziana Grasso, il pubblico ha potuto applaudire le esibizioni dei ragazzi della "Lory school dance" e dei gruppi musicali "8ttONerO" e "Delta life". E non poteva di certo mancare un momento dedicato allo "Zio Turi scularu", Salvatore Pellegrino, protagonista di tante edizioni del festival trezzoto e scomparso alcuni mesi fa. La commissione per i festeggiamenti, infatti, a consegnato al figlio Giovanni una targa in memoria del padre. «E' stata davvero una grande soddisfazione per noi vedere lo Scalo di alaggio stracolmo di gente – affermano gli organizzatori. Ciò significa che, dopo tutti questi anni, il festival della canzone di Acitrezza rappresenta ancora un momento importante, nonché uno spettacolo gradevole e di ottimo livello, nell'ambito di questa festa in onore alla Madonna della Buona Nuova".

ACICASTELLO. Madonna della Buona Nuova stasera faraglione illuminato Entrano nel vivo i festeggiamenti per la Madonna della Buona Nuova e stasera, tradizionalmente al tramonto, sarà accesa la luminaria davanti alla Madonnina del Faraglione, una tappa obbligata per chi per la notte cercherà la passeggiata verso i Faragliooni. Alle 20, dopo le cerimonie solenni in Chiesa il simulacro della Madonna in processione sarà portato sul fercolo fino alla Chiesa dedicata alla Madonna in via Scalazza dove inizierà una veglia di preghiera che si concluderà domani al tramonto quando, dopo il giro per le vie della cittadina il simulacro sarà riportato nella Chiesa madre. Intanto continuano le manifestazioni collaterale e c'è stato un grande successo al 16° festival della canzone presentato da Giovanni Valastro e con Vera D'ambra, Loredana Grasso e Graziana Grasso. A vincere sono state nell'ordine Caterina Lo Faro, Nancy Lembo e Ivana Buccheri. Nel corso della serata, il pubblico ha potuto applaudire le esibizioni dei ragazzi della "Lory school dance" e dei gruppi musicali "8ttONerO" e "Delta Life". Stasera nello Scalo di alaggio è tempo di cabaret con i "Dolci & Gabbati". In scena gli attori Enrico Manna, Laura De Palma, Anna Impegnoso e Concetto Venti, presenteranno uno spettacolo che vuole essere una sorta di amarcord del varietà italiano.

ACITREZZA. 1° edizione della festa d'autunno E' stato un grande successo, che è andato aldilà di ogni più rosea previsione, quello della prima edizione della

"Festa d'autunno", organizzata ieri sera nei locali dell'Oratorio parrocchiale di Acitrezza. Circa duecentocinquanta persone hanno partecipato alla manifestazione, prendendo letteralmente d'assalto gli stand allestiti per la degustazione di panini con la salsiccia ed il vino, le castagne, il miele ed i dolci fatti in casa. La serata, organizzata da don Giovani Mammino insieme al gruppo famiglie ed agli animatori dell'Oratorio, è stata l'occasione propizia per valorizzare i prodotti tipici raccolti e prodotti nel terreno del "Centro Redemptoris Mater" di Zafferana Etnea, come il miele e le castagne, appartenente alla parrocchia trezzota. I gruppi musicali "8ttONerO" e "Delta life", insieme al classico karaoke, hanno poi allietato l'evento nel corso del quale si è tenuta una raccolta di fondi per il completamento delle opere di ristrutturazione dell'Oratorio parrocchiale, chiuso per inagibilità dal 2003. "Non ci aspettavamo sicuramente la presenza di tutti questi amici – afferma il parroco don Giovanni Mammino. E' un segnale importante, che ci fa comprendere quanto ad Acitrezza ci sia voglia di aggregazione e soprattutto di voler rivedere il nostro Oratorio perfettamente fruibile e funzionale. L'occasione è stata anche quella di poter valorizzare i prodotti tipici provenienti dal nostro terreno che, con non poche difficoltà, curiamo e manteniamo per poter dare a tutta la comunità un'area di spiritualità e benessere immerso nel parco dell'Etna".

ACITREZZA. 1° edizione della serata dei talenti E' stata una bella serata all'insegna del divertimento e della solidarietà. La serata dei talenti ha dato la possibilità a molti trezzoti, grandi e piccoli, di esibirsi a favore della ristrutturazione dei locali dell'Oratorio parrocchiale. A condire la serata, organizzata dal Gruppo Famiglie e dalla Pastorale Giovanile, il gazebo nel cortile dell'Oratorio con la vendita di hot dog, hamburger, dolci e bevande. Tanta musica con le esibizioni dal vivo dei gruppi 8ttonero e Deltalife che hanno suonato alcune cover di vario genere e di diversi cantanti su base musicale grazie ai tanti pezzi estratti dal vasto repertorio della musica italiana. Ma c'è stato spazio pure per la poesia, le barzellette e il corpo di ballo della Lory School Dance. La serata è stata introdotta da Don Giovanni Mammino che ha voluto sottolineare la valenza evangelica dei talenti e si è augurato che l'utilizzo del salone oratoriale venga sempre di più rivolto ad eventi che valorizzino Acitrezza e la sua comunità cristiana.

ACITREZZA. Successo per il 17° festival "Città di Acitrezza" Uno Scalo di alaggio gremito fino a tarda serata ieri, Venerdì 4 Settembre 2009, in occasione la fase finale del 17° Festival della canzone "Città di Acitrezza". La rassegna canora del piccolo borgo marinaro, organizzata come sempre nell'ambito della festa in onore della Madonna della Buona Nuova dalla commissione per i festeggiamenti e patrocinata dal comune di Acicastello, ha visto anche quest'anno la presenza di giovani cantanti e gruppi musicali. Ed anche quest'anno sono state le donne a dominare la scena dove, oltre alle belle presentatrici e vallette, si sono imposte in ben tre categorie su cinque. A vincere il primo, il secondo, il terzo ed il quarto girone, sono stati rispettivamente Sara Zappalà con il successo di Sanremo 2009 "Sincerità" di Arisa, Nancy Andronico con una bella canzone di Anna Tatangelo "Ragazza di periferia", Loriana Ingalisi che stupito il pubblico con "Quando nasce un amore" di Anna Oxa, ed infine per il secondo anno consecutivo Nino D'Ambra con la figlia Erika che hanno cantato "In amore" di Gianni Morandi. L'ultima categoria dedicata ai gruppi musicali, invece, ha visto trionfare la band "8ttONerO" con il pezzo "The house of the rising sun". A premiare i vincitori di questa 17° edizione i consiglieri provinciali Enzo D'Agata e Salvo Tomarchio. Nel corso della serata, presentata da Pamela Castorina insieme all'intramontabile Gianni Valastro con la collaborazione di Giovanna Nastasi, il pubblico ha potuto applaudire momenti di cabaret e tanta musica, e le esibizioni dei ragazzi della "Lory school dance". «E' stata davvero una grande soddisfazione per noi vedere lo Scalo di alaggio anche quest'anno stracolmo di gente, nonostante la tarda ora - affermano gli organizzatori. Ciò significa che, dopo tanti anni, il festival della canzone di Acitrezza rappresenta sempre uno degli appuntamenti più attesi, nell'ambito della festa in onore alla Madonna della Buona Nuova, nonché un punto di riferimento canoro per la valorizzazione dei giovani artisti trezzoti».

ACITREZZA. 1° edizione della festa d'autunno E' stato un grande successo, come già accaduto lo scorso anno, quello della seconda edizione della "Festa d'autunno", organizzata ieri sera nei locali dell'Oratorio parrocchiale. Acitrezza. Circa trecento persone hanno partecipato alla manifestazione, prendendo d'assalto gli stand allestiti per la degustazione di panini con la salsiccia ed il vino, per le castagne, per il miele ed infine per i dolci fatti in casa. La serata, organizzata da don Giovani Mammino insieme al gruppo famiglie ed agli animatori dell'Oratorio, è stata l'occasione propizia per valorizzare i prodotti tipici raccolti e prodotti nel terreno del "Centro Redemptoris Mater" di Zafferana Etnea, come il miele e le castagne, appartenente alla parrocchia trezzota. I gruppi musicali "8ttonero" e "Delta life", insieme alle esibizioni canore di Loriana Ingalisi e di Erika e Nino D'Ambra, hanno allietato l'evento nel corso del quale si è tenuta una raccolta di fondi per il completamento delle opere di completamento ed arredamento dell'Oratorio parrocchiale, recentemente ristrutturato. «Siamo soddisfatti di questo nuovo successo, avvenuto grazie alla presenza di tanti amici – afferma il parroco don Giovanni Mammino. Per noi tutti è sempre più importante la voglia di aggregazione e la voglia di voler rivedere quest'Oratorio sempre più fruibile e funzionale. Nell'occasione abbiamo voluto ancora una volta promuovere i nostri prodotti tipici provenienti dal "Centro Redemptoris Mater" che, con non poche difficoltà, manteniamo e curiamo per poter dare alla comunità trezzota un'area di spiritualità e benessere immerso nel parco dell'Etna»

ACITREZZA. 18° edizione del Festival della canzone "Città di Aci Trezza" Si terrà oggi, Lunedì 6

Settembre 2010 alle ore 20.30 allo Scalo di alaggio, la 18° edizione del Festival della canzone "Città di Acitrezza", previsto lo scorso Venerdì 3 Settembre 2010 e rinviato a causa delle incerte condizioni atmosferiche. La rassegna canora, organizzata nell'ambito dei festeggiamenti in onore della Madonna della Buona Nuova, presentata ancora una volta dalle giovanissime Pamela e Loredana, vedrà la partecipazione di cantanti di tutte le età originari di Acitrezza ed anche provenienti dai paesi limitrofi che si esibiranno sul palco accompagnati da una base musicale preparata dal musicista Giovanni Giuffrida. Fuori dalla gara, ci saranno anche due gruppi musicali formati da giovani locali: gli "8ttonero", per loro un gradito ritorno al Festival trezzoto, e la band "Route 17". La scaletta del 18° festival trezzoto, patrocinato come sempre dal Comune di Acicastello, sarà completata dall'intervento di ospiti musicali e di balletti curati dalla "Lory School Dance" di Acitrezza.

ACITREZZA. Musica e prodotti tipici per la 3° "Festa d'autunno" all'Oratorio parrocchiale Tanta musica dal vivo e la sagra dei prodotti tipici autunnali, sono stati ancora una volta il motivo del grande successo della 3° "Festa d'autunno", che si è tenuta lo scorso Sabato 20 Novembre 2010 nel salone dell'Oratorio parrocchiale "San Giovanni Battista" di Acitrezza. Circa trecento persone hanno preso d'assalto gli stand allestiti per la degustazione di panini con la salsiccia o con l'hamburger, del vino e del miele ed, infine, dei dolci fatti in casa. La serata, è stata come di consueto organizzata dal parroco don Giovani Mammino insieme al gruppo famiglie ed agli animatori dell'Oratorio, ed è stata l'occasione propizia per valorizzare gli alimenti tipici raccolti e prodotti nel terreno del "Centro Redemptoris Mater" di Zafferana Etnea, come il buon miele e la frutta di stagione, di proprietà della parrocchia trezzota. Ad allietare la serata, ci hanno pensato come da tradizione i giovani cantanti trezzoti insieme i ragazzi della band musicale locale "8ttonero", che ha presentato nuove cover in stile rock e pop. A fine manifestazione, il ricavato è stato interamente devoluto per le opere di completamento dell'arredamento dell'Oratorio stesso. «Insieme a tanti amici abbiamo voluto trascorrere questa bella serata, che anche quest'anno ha coniugato il trionfo dei nostri prodotti tipici locali e dei nostri talenti, con la solidarietà che ci vede come sempre protagonisti in prima linea per rendere sempre più accogliente e funzionale il nostro Oratorio, nella speranza di poter ottenere presto un aiuto più importante da parte delle istituzioni regionali e provinciali – afferma don Giovanni Mammino.» ACITREZZA. Successo per la 19° edizione del Festival della Canzone "Città di Aci Trezza" Scalo di alaggio gremito e musica d'autore ad Acitrezza per il Festival della canzone "Città di Acitrezza, giunto quest'anno alla sua 19° edizione ed organizzato come sempre dalla Commissione per i festeggiamenti in onore della Madonna della Buona Nuova, in vista della festa della Compatrona del borgo marinaro, e con il patrocinio del Comune di Acicastello nell'ambito dell' "Estate castellese 2011". Circa 2000 persone hanno applaudito lo spettacolo pensato dal direttore artistico Giovanni Giuffrida con la collaborazione delle tre presentatrici Pamela Castorina, Giulia e Giovanna Nastasi, ed infine dal "padrone di casa" Giovanni Valastro. A vincere nella categoria "Piccoli" è stata Melania Lo Faro, che sul palco ha portato la classica "Caruso" di Lucio Dalla, stregando pubblico e giuria con la sua possente voce, mentre al secondo posto si è piazzata Rosalia Licari con "Bastardo" di Anna Tatangelo. Nella categoria "Medi", grande trionfo per l'elegante esibizione di Claudia Belfiore con "Non finisce mica il cielo" dell'indimenticabile Mia Martini, con Mauro Sciuto che ha cantato "Terra promessa" di

Eros Ramazzotti piazzandosi al secondo posto. Caterina Lo Faro si è classificata al primo posto della categoria "Big – vincitori degli ultimi festival", cantando ed incantando con la canzone "Come una Turandot" di Irene Fargo, ed alle sue spalle si è piazzata l'assoluta vincitrice delle ultime quattro edizioni Loriana Ingalisi che ha interpretato "Io son per te l'amore" di Emma. Infine, per la categoria "Gruppi", primo posto per gli "8ttONerO" con "Sweet home Chicago" dei Blues Brothers, e seconda piazza per gli "Hybrid 27" con "The final countdown" degli Europe. Alla premiazione hanno presenziato il vice sindaco del Comune Acicastello Sebastiano Romeo, il parroco don Giovanni Mammino, il consigliere provinciale Enzo D'Agata ed una rappresentanza della Commissione. Particolarmente apprezzato, inoltre, è stato l'omaggio ai 150 anni dell'unità d'Italia, fortemente voluto dalla direzione artistica, con una carrellata di canzoni tradizionali e d'epoca, che hanno fatto rivivere la storia musicale di questo secolo e mezzo d'Italia unita a partire dal canto dell'inno di Mameli, nonché applaudita è stata la simpatica esibizione sul palco dello storico presidente della giuria maestro Salvo Troina insieme ad un soprano ed un tenore.

1.5. Elenco esibizioni 8ttONerO

05/08/2007 - Festa Finale 2° edizione "Oratorio Estivo" di Acitrezza (CT);

31/08/2007 - 15° Edizione Festival della Canzone "Città di Acitrezza" (CT);

17/10/2007 - 5° Edizione Festival Nazionale dei giovani artisti, San Gregorio (CT);

22/12/2007 – Concerto di Natale, "Marina Palace Hotel" di Acitrezza (CT);

24/05/2008 – Festa della Creatività Liceo Scientifico Statale "Archimede" di Acireale (CT);

30/06/2008 - Festa Iniziale 3° edizione "Oratorio Estivo" di Acitrezza (CT);

05/08/2008 - Festa Finale 3° edizione "Oratorio Estivo" di Acitrezza (CT);

03/09/2008 - 16° Edizione Festival della Canzone "Città di Acitrezza" (CT);

09/11/2008 – Festa d'Autunno 1° Edizione, Oratorio Parrocchiale di Acitrezza (CT);

19/12/2008 - Archimede Xmas Party, Liceo Scientifico Statale "Archimede" di Acireale (CT);

20/12/2008 - Studen's Xmas Gulli e Pennisi Party, "Perla Jonica Hotel" Capomulini (CT);

28/12/2008 - Festa delle Famiglie 1° Edizione, Oratorio Parrocchiale di Acitrezza (CT);

04/01/2009 - Concerto di Beneficenza "Città di Niscemi" 11° Edizione, Niscemi (CL);
14/03/2009 - 8ttONerO Live in Concerto, "Santa Tecla Tower", Santa Tecla (CT);
24/04/2009 - Serata dei Talenti 1° Edizione, Oratorio Parrocchiale di Acitrezza (CT);
30/05/2009 – Liceopoli, "Perla Jonica Hotel" Capomulini (CT);
19/07/2009 - Saggio a Villa di Bella (di Giovanni Cacciaguerra), Viagrande (CT);
04/09/2009 - 17° Edizione Festival della Canzone "Città di Acitrezza" (CT);
07/11/2009 – Festa d'Autunno 2° Edizione, Oratorio Parrocchiale di Acitrezza (CT);
06/01/2010 - Concerto di Beneficenza "Città di Niscemi" 12° Edizione, Niscemi (CL);
06/09/2010 - 18° Edizione Festival della Canzone "Città di Acitrezza" (CT);
20/11/2010 – Festa d'Autunno 3° Edizione, Oratorio Parrocchiale di Acitrezza (CT);
02/09/2011 - 19° Edizione Festival della Canzone "Città di Acitrezza" (CT);

2. Comitato ALiMP

2.1. Presentazione

L'ALiMP (acronimo di Akis Live Music Project) è stato un comitato culturale formato da giovani di età compresa fra i 20 ed i 30 anni, che ha opera nel Comune di Aci Castello (CT) e dintorni, e che si è prefisso lo scopo di valorizzare e diffondere capillarmente ed in concreto la cultura musicale "live" nel territorio delle Aci, di propagare la conoscenza artistica della cultura musicale fra i giovani (e non) del territorio locale, con il sincero obbiettivo di comunicare l'amore per la musica e per gli strumenti musicali in questi territori non sempre avvezzi a quest'arte.

Da un'idea di Graziano D'Urso (fondatore), e con la professionale collaborazione di cari colleghi ed amici musicisti ed insegnanti, è nato il 24 Aprile 2012 il primo germe del rinnovamento artistico musicale denominato ALiMP con "sede" presso quelle associazioni culturali locali e quegli enti pubblici che hanno appoggiato questo entusiasmante progetto.

Già ad una intervista di un Festival locale il 3 Settembre 2008 D'Urso aveva dichiarato che fra i suoi obiettivi ci sarebbe stato quello di realizzare un progetto avente lo scopo di diffondere la musica "live" ad Aci Trezza ed oltre.

Ad un'altra intervista, effettuata per il Centro Studi Acitrezza nel 2011, nel contesto dei primi corsi musicali di Chitarra e Basso, ha affermato in maniera più lucida la seria concretizzazione di questo obiettivo.

Il Direttivo del Comitato Culturale Akis Live Music Project è stato composto dal Presidente, Addetto Social Media Manager e Direttore Amministrativo Graziano D'Urso, dal Vice-Presidente e Direttore Artistico delle attività musicali Dario Scimone, dall'Economo e Tesoriere Francesco Di Gregorio, e dai consiglieri E. Porto, E. Litrico, G. Seminara.

Le attività che il Comitato ha inteso portare avanti sono state: Corsi musicali (Chitarra, Basso elettrico, Ukulele, Tromba, Tastiera/Pianoforte, Body Music, etc.), iniziative artistiche quali seminari, incontri, riunioni, festival, concorsi, contest, concerti, live, jam session, collocazione ed orientamento musicale, audizioni band emergenti, mercatino dell'usato musicale, service audio, sala prove, campagne di lotta alla droga ed alla delinquenza, nel pieno spirito della cultura artistica pulita, e della gioia del fare della buona musica divertendosi.

I generi musicali ed i sound ravvisantisi nelle attività del Comitato sono stati i più vari e hanno abbracciato quanto di più genuino sussiste nell'arte del suonare dal vivo, spaziando fra i più moderni, amati, seguiti, diffusi ed agevoli generi della musica leggera.

Le attività del comitato non hanno escluso che potesse intraprendersi la via della valorizzazione e della riscoperta delle antiche musiche popolari siciliane, al fine di raccogliere e porre nella giusta meritevolezza i tesori musicali di una antica tradizione ormai purtroppo desueta, ma che nel nostro territorio ha tantissimo ancora da raccontare ed insegnare.

I precedenti storici di questo Comitato, che con la loro esistenza hanno suffragato l'esigenza di un ente collettivo finalizzato a questo scopo, sono stati nel 2009 e 2010 rispettivamente prima con "Musicisti Acitrezza", poi con "Giovani Musicisti Castellesi" ed in fine con "l'Acoustic Project", col medesimo spirito che ha irrorato di creatività la locale band 8ttONerO fin dal 5 Agosto 2007.

La naturale evoluzione delle tendenze culturali musicali ha condotto al concretizzarsi di siffatti orientamenti valorizzatori nel Comitato che più di ogni altro oggi li ha colti con sensibilità e serio impegno, incrementando e corroborando l'arte di un territorio altrettanto meraviglioso.

In un clima dove anche la più parva collaborazione o il più piccolo sostegno morale e materiale sono stati d'immenso ausilio, si è inaugurato con gioia nell'Aprile 2012 il Comitato culturale "Akis Live Music Project".

Un trampolino di agevole pubblicizzazione del Comitato coincide con l'evento che nella sua Seconda Edizione ha inserito questa giovane realtà fra i collaboratori è stato TrezzArte, in Aci Trezza (Comune di Aci Castello - CT): l'evento si è tenuto Sabato e Domenica, 4 e 5 Agosto 2012 presso il centro storico della località marinara sita lungo la riviera dei Ciclopi, suscitando un ampio consenso fra il plauso dei paesani e dei visitatori.

2.2. ALiMP Band

Nel disimpegno delle diverse attività culturali, fra le quali quelle inerenti alle manifestazioni musicali (concerti, contest, concerti, jam, festival e quant'altro), i componenti dell'Akis Live Music Project (fra membri ed associati) hanno costituito sotto omonima denominazione un complesso musicale di amplio genere, al fine di dar dimostrazione delle proficuità e fruttuosità del Comitato, nonché di avvicinare i giovani alla musica "live", condividendo con essi le emozioni e la genuinità della meritevolezza di questa tipologia di attività culturale.

L'apertura di questa visione del progetto ha fatto della Band dell'Alimp un complesso dinamico e di agevole composizione, le cui finalità hanno variato da genere musicale a genere musicale, giostrando adeguatamente i componenti al fine di abbracciare qualsivoglia sound e genere: questo ensemble di nuovo tipo ha sfruttato la più intelligente delle dinamiche compositive, potendo esser sempre preparati di fronte a qualsivoglia esigenza musicale.

La Band dell'Alimp è nata quindi in coincidenza del Comitato e di essa ne è stata una naturale estensione sul piano concreto del panorama musicale live del territorio, collocandosi con entusiasmo né più né meno fra le band emergenti.

Dalla fondazione (24 Aprile 2012) il responsabile ed amministratore della Band dell'Alimp è il Vice-Presidente del Comitato il trombettista Dario Scimone, che di questa (come delle altre attività stricto sensu musicali) è direttore artistico.

Ecco, qui di seguito, la cronologia delle sole esibizioni pubbliche della Band.

La prima pubblica esibizione della Band del Comitato Culturale Alimp ha avuto luogo Sabato 4 Agosto 2012 alle ore 21.00 presso la Piazza "Luchino Visconti" di Acitrezza, in concomitanza della festa-evento culturale organizzato dal CSA (Centro Studi Acitrezza) denominato "TrezzArte: il villaggio degli artisti".

Il repertorio ha avuto modo di spaziare con ampio consenso dal Jazz, al Blues alla latinoamericana, potendo fra le pause illustrare le attività, alcuni manuali adottati nei Corsi Musicali, come Ritmica-Mente, Ritmica-Mente Bass ed il Codice della Chitarra, e distribuire i volantini circa la lista dei Corsi musicali.

La formazione della serata ha conosciuto l'entusiasmante partecipazione dei Componenti "membri" Dario Scimone (Tromba), Graziano D'Urso (Chitarra elettrica), Francesco Di Gregorio (Basso), Edoardo Litrico (Batteria e percussioni) ed Edoardo Porto (Piano e tastiere).

Per l'esecuzione di un pezzo, l'ensemble si è arricchito del Componente "associato", la flautista Federica Fichera. Il secondo pubblico intervento della Band del comitato culturale Akis Live Music Project si è tenuto Lunedì 5 Novembre 2012, presso la Sala Conferenze del Palazzo della Cultura "Platamone", in occasione della consegna CELTA YL EXTENSION TO CELTA e ai THE BEST OF... Questa è stata una importante manifestazione che ha visto la consegna dei certificati della University of Cambridge ESOL ai candidati che hanno frequentato presso il Centro accreditato Giga i corsi CELTA (qualifica all'insegnamento della lingua inglese) e Young Learner Extension to CELTA (Specializzazione per l'insegnamento della lingua inglese ai bambini).

I candidati, provenienti da varie nazionalità hanno scelto Catania come sede per la loro formazione professionale. Sono stati consegnati anche gli attestati "The Best of..." ai bambini che hanno ottenuto risultati eccellenti negli esami di lingua inglese Young Learners della University of Cambridge ESOL tenutisi lo scorso anno scolastico.

Questo momento ha voluto essere un'ulteriore prova della vitalità intellettuale della nostra città attenta a cogliere opportunità di sviluppo e crescita dei nostri cittadini, soprattutto dei più piccoli. Sono intervenuti: Il Sindaco di Catania, Avv. Raffaele Stancanelli; il Referente per la University of Cambridge ESOL, Prof. Simon Brown; la Direttrice del Centro della University of Cambridge ESOL, Dott.ssa Palmina La Rosa; il Direttore del Teaching Award Centre della University of Cambridge ESOL, Robert Martinez PhD Candidate; la Scrittrice americana Teresa Maggio; e come sopra detto, la Band ALiMP (Akis Live Music Project) che ha curato gli intermezzi musicali della manifestazione con brani del repertorio della musica leggera italiana, per poi allietare gli spettatori con un medley sicuolo-britannico, al fine di coniugare in arte il legame culturale che congiunge la nostra terra con la patria della Lingua più utilizzata nella Comunità Internazionale: la fantasia si componeva di "E vui durmiti ancora" (poesia siciliana scritta da Giovanni

Formisano nel 1910 e musicata da Gaetano Emanuel Calì) e "Hey Jude" (brano musicale dei Beatles, scritto da Paul McCartney).

L'evento è stato organizzato da Giga International Scool of Languages ed è stato moderato dal conduttore televisivo Salvo La Rosa.

2.3. Attività musicali, artistiche e culturali

Tredici ("Deo Iuvante", "Centro Studi Acitrezza", "Cultura Sviluppo Cannizzaro", "TV Aci Castello", "Meter", "Acli Cannizzaro", "Agorà", "Furrigna", "L'isola che non c'è", "Amico mondo", "Social gym", "Eidos", "Butterfly dance") sono state le associazioni locali con le quali il Comitato Culturale "Akis Live Music Project" ha avuto il piacere di collaborare per la realizzazione della rassegna cinematografica itinerante denominata "Cinema Aci Castello", con la collaborazione delle Parrocchie di Aci Castello, Ficarazzi e Cannizzaro, ed il gratuito patrocinio del Comune, dal 12 al 28 Settembre 2013.

Il Comitato Culturale "Akis Live Music Project" ha partecipato il 23 Aprile 2013 alla Giornata mondiale del Libro organizzata a cura dell'associazione "Furrigna" presso la biblioteca comunale di Aci Castello, concludendo la serata con un accompagnamento musicale di Graziano D'Urso alla Chitarra Acustica 12corde.

Nel Maggio dello stesso anno il comitato ha presenziato anche alla XXIII edizione del Libro Forum organizzato dalla Associazione Culturale "Centro Studi Acitrezza" presso il Parco Archeologico di Santa Venera al Pozzo in occasione della raccolta firme a favore del sito Valle delle Aci. Anche in questa occasione il Presidente ha avuto modo di accompagnare alcuni passaggi delle letture dell'Antigone.

Il Comitato Culturale "Akis Live Music Project" in data 25 Agosto 2013 è stato lieto di prendere parte all'annuale manifestazione artistica organizzata dall'Associazione Culturale "Centro Studi Acitrezza" denominata "TrezzArte, il villaggio degli artisti", nella cui sede ha curato l'esibizione di un giovane *ensemble* nato il 3 Marzo 2013 denominato "**Galatea - L'Orchestra del CSA**".

Hanno composto il complesso in questa occasione: Federica Fichera (Flauto traverso), Erika D'Ambra (Violino), Alfio Grasso (Violino), Loriana Finocchiaro (Pianoforte/Organo), Giovanni Grasso (Basso elettrico), Mariateresa Parisi (Chitarra Classica), Lucia Valastro (Chitarra Acustica), Graziano D'Urso (Chitarra Elettrica), Alfonso Lauria (Cajòn), Mauro Sciuto (djambé).

Ecco la dichiarazione del Presidente ALiMP e curatore dell'Orchestra Galatea: "*Siamo lieti di aver aderito anche quest'anno a Trezzarte, il villaggio degli artisti organizzato dall'Associazione Culturale Centro Studi Acitrezza: il nostro sentito ringraziamento va ai giovani di ottima volontà e di fresca e lungimirante lucidità che si sono impegnati nella realizzazione di questo splendido evento e che hanno permesso la sensazionale riuscita di questa ottima manifestazione delle arti in un palcoscenico naturale che è sintesi di moltissima parte della Cultura nella nostra terra delle Aci. Complimenti ancora per lo spirito d'iniziativa e per la mirabile organizzazione delle risorse.*"

Sabato 26 Ottobre 2013 è nata – su impulso del comitato - la **BMC - Body Music Catania**, un gruppo di giovani musicisti talentuosi che ha deciso di cimentarsi in questa nuova esperienza ritmica per la prima volta nella provincia di Catania.

Sotto la direzione artistica di un esperto in questa disciplina, la BMC ha deciso di affidare il *musical management* al Comitato Culturale "*Akis Live Music Project*", entrando in collaborazione con l'Associazione Culturale "Centro Studi Acitrezza".

Accanto alle attività artistiche d'intrattenimento (curando un proprio complesso musicale), la BMC ha tenuto presso Via Fontana Vecchia 8/A ad Acitrezza attività didattica, nel Corso di Body Percussion organizzato dall'Associazione ospitante con inizio in data 14 Novembre 2013 ore 19.30.

Per l'occasione le iscrizioni sono state aperte a questa nuova, innovativa ed originale iniziativa artistica rivolta a tutti coloro i quali hanno interesse a maturare senso del ritmo, polifonia percussiva, armonia e musica d'insieme.

In data 25 Novembre 2013 il *team* del Comitato Culturale "*Akis Live Music Project*" si è arricchito di un nuovo componente membro che riveste il ruolo, essenziale per la più precipua perseguibilità degli scopi statutarî, di esperto in comunicazione e valorizzazione della cultura artistica musicale "*live*" nel nostro territorio: la Dott.ssa Motta Emanuela.

La nomina ad Esperto in Comunicazione e Valorizzazione artistica ha giovato per l'ALiMP nello specifico, oltre a corredare di debita professionalità e serietà l'opera del Comitato, a rispondere alla crescente partecipazione sociale di questo gruppo nel territorio delle Aci, sempre più presente ed attivo con diverse attività di ambito inerente alla didattica, all'animazione ed al *management* musicali.

La stessa Dott.ssa Motta ha avuto modo di dichiarare: "*Sono molto felice di poter apportare il mio contributo al Comitato ALiMP nell'ambito della comunicazione e della valorizzazione della cultura musicale nel territorio, e per questo manifesto il mio sentito ringraziamento per l'opportunità e per la fiducia concessami*".

Il Presidente D'Urso ha accompagnato la dichiarazione della Dott.[ssa] affermando: "*Il nostro Comitato acquisisce un valido elemento che di sicuro ricopre un ruolo attribuitogli secondo criteri di competenza, così come gli altri ruoli all'interno del direttivo, ciascuno per la propria materia [...]. Il dato fondamentale è che questa designazione accompagna l'auspicata crescita dell'ALiMP, in questo periodo ravvisantesi, così come desiderato con tanto entusiasmo dai soci fondatori.*"

Le iniziative natalizie del Comitato Culturale "Akis Live Music Project" per l'anno 2013, hanno proceduto con l'animazione musicale a cura di Graziano D'Urso della Tombola organizzata (assieme all'Associazione Culturale "Centro Studi Acitrezza", all'Associazione "Cena Medievale Sicilia", all'Associazione Culturale Onlus "Eidos") presso l'oratorio parrocchiale di Cannizzaro in data 22 Dicembre ore 19.30, in collaborazione con la Parrocchia della frazione castellese, e con i concerti della "Galatea – L'Orchestra del CSA".

In seguito il Comitato Culturale "Akis Live Music Project" ha patrocinato esibizioni di piccoli ensemble (come quelle di Claudio Quartarone, Graziano D'Urso, Chiara Castorina, etc.).

2.4. Elenco esibizioni ALiMP

04/08/2012 - Trezz'Arte, il villaggio degli artisti, Acitrezza (CT), con il Comitato Culturale "Akis Live Music Project";

23/04/2013 - Giornata mondiale del Libro Aci Castello (CT), con il Comitato Culturale "Akis Live Music Project";

18/05/2013 - Notte europea dei Musei, Santa Venera al Pozzo (CT), con il Comitato Culturale "Akis Live Music Project";

22/03/2014 – Esposizione Jean Calogero, Centro Contemporaneo Catania (CT), con il Comitato Culturale "Akis Live Music Project";

03/01/2015 - Concerto di Capodanno Lions Club, Hotel Nettuno Catania (CT), con il Comitato Culturale "Akis Live Music Project";

23/04/2015 - Esibizione a Convencion Commerciale - Garden Hotel San Giovanni La Punta (CT), con il duo acustico Claudio & Graziano;

20/07/2015 - Esibizione ad Inaugurazione “Planet Win 365” - Catania, con il duo acustico Claudio & Graziano;

23/12/2015 - Esibizione a Convencion Commerciale - Grand Hotel Villa Itria - Viagrande (CT), con il duo acustico Claudio & Graziano;

31/12/2015 - Concerto di San Silvestro, Passopomo - Zafferana Etnea (CT), con il Comitato Culturale "Akis Live Music Project";

29/04/2016 - "Raccontare i Malavoglia" al Porto di Trezza, Acitrezza (CT), con il Comitato Culturale "Akis Live Music Project";

22/05/2016 - "Raccontare i Malavoglia" al Maniero Normanno, Acicastello (CT), con il Comitato Culturale "Akis Live Music Project";

04/08/2016 - Esibizione ad Inaugurazione "The Angel's School" - Tremestieri Etneo (CT), con il duo acustico Claudio & Graziano;

3. Galatea – L'Orchestra del CSA

3.1. Presentazione del progetto

L'Orchestra Galatea è stato un progetto musicale orchestrale nato ad Acitrezza domenica 3 Marzo 2013.

Il progetto musicale, la cui cura è stata affidata al Comitato Culturale "Akis Live Music Project", si è proposto di coinvolgere i musicisti delle frazioni del Comune di Aci Castello e comuni limitrofi, con lo scopo di creare un punto di aggregazione culturale giovanile che fosse stato di riferimento musicale per il nostro Comune.

Lo spirito che ha animato questa iniziativa è stato quello di valorizzare le risorse artistiche presenti nel nostro territorio, e di estendere la musica dal vivo, la musica d'insieme, la musica strumentale nel territorio delle Aci.

L'Orchestra Galatea si è presentata con un organico composito che ha fatto di essa un complesso sinfonico moderno, una realtà musicale che ha contemplato, tra gli altri, i seguenti strumenti, sia tradizionali che pop: Pianoforte (tastiera), Archi (violini), Fiati (Flauti traverso, sassofono, fagotto, tromba, flicorno), Cordofoni (chitarre classiche, acustiche ed elettriche, bassi elettrici), Percussioni (Cajon, djambé).

3.2. Linee guida

La compagine dei componenti dell'Orchestra Galatea ha scelto il logo che ha incorniciato la nuova stagione artistica di questa realtà musicale organizzata dall'associazione culturale "Centro Studi Acitrezza", agevolata dalla gratissima collaborazione della Chiesa Parrocchiale di San Giovanni Battista di Acitrezza.

Il Comitato Culturale A.Li.M.P. ha rinnovato il sentimento di onore nel apprestare la cura artistica di questo ensemble pop acese, fornendo la descrizione delle linee guida che hanno ispirato l'attività del complesso come segue: 1 - La Galatea è stato un complesso pop o "big band" di genere musicale contemporaneo che ha fatto uso di strumenti musicali tradizionali della musica classica, tipici della musica leggera ed etnici. Il numero di componenti (per sezione ed in generale) e strumenti è stato variabile e senza limiti minimi o massimi. 2 - La caratteristica che la ha connotata è stata l'amatorialità, la non lucrosità ed il volontariato per il perseguimento della valorizzazione e della tesaurizzazione delle risorse talentuose, artistiche, e culturali dei territori del comprensorio delle Aci, in consonanza alla pragmaticità culturale dell'Associazione "Centro Studi Acitrezza", ed in ossequio alla mission artistica del Comitato "Akis Live Music Project". 3 – E' stato perseguito lo scopo di accrescimento delle competenze e delle conoscenze in ambito musicale in capo ai singoli componenti, della condivisione dell'esperienza artistica personale dei singoli col resto del gruppo, e della maturazione di pratica esecutiva nella musica d'insieme con l'esecuzione di arrangiamenti ed orchestrazioni all'uopo elaborate in esclusiva per la detta Orchestra. 4 - L'adesione alla Galatea è stata a titolo gratuito e non ha contemplato tassazioni di alcun tipo tra i Componenti per l'acquisto di strumentazioni e/o attrezzature che sono state fornite dall'Associazione Culturale CSA e/o dal Comitato Culturale ALiMP, e/o sono state procurate tramite le donazioni all'ensemble; l'adesione, che è stata associazione al Comitato ALiMP, ha previsto il rilascio di carta associativa e di un certificato annuale di partecipazione al progetto musicale riferito alla stagione artistica valido per l'assegnazione di crediti formativi scolastici, nonché riconosciuto a fini artistici dall'Associazione Culturale CSA e dal Comitato Culturale ALiMP. 5 - Il management si è composto di una Direzione, di una Segreteria (Segretario, Vice-Segretario, Vice-Direttore) e di una Tesoreria, che hanno curanto l'aspetto artistico, amministrativo, patrimoniale, legale, logistico, informatico e pubblicitario dell'Orchestra, in esecuzione di un indirizzo che è stato formato da un sistema di democrazia diretta apportato dagli stessi componenti; parimenti i responsabili di sezione si sono occupati della cura musicale del proprio comparto strumentale. 6 - L'ingresso è stato aperto a tutti a partire dagli anni undici, senza limiti di età massima, e senza richiesta di requisiti specifici in materia di competenze musicali; ai fini della collocazione nell'organico si è tenuto conto di titoli artistici e della partecipazione ad altri progetti musicali organizzati dall'Associazione Culturale CSA e dal Comitato Culturale ALiMP; è stato richiesto un impegno settimanale della durata di 90 min. ca. e la dotazione di strumento, leggio e quanto altro è servito per l'interpretazione del repertorio. 7 - Oltre ai locali delle prove ed alle attrezzature foniche per le esibizioni, sono stati parimenti disponibili e gratuiti per i componenti della Galatea i seguenti servizi professionali: fonica e mixer, fotografia, riprese audio/video, comunicati stampa, pubblicità, arrangiamento del repertorio e fornitura delle parti. 8 - La Galatea ha disconosciuto le forme di rigidità tipiche delle tradizionali orchestre, e predilige sempre un clima di sincera serenità, autentica pacatezza e proficua collaborazione fra i componenti, con una moderata attività artistica volta al fare piacevole musica, sano intrattenimento, e divertirsi suonando.

3.3. Comunicati stampa

Tante belle emozioni a suon di musica per la festa in onore a San Giovanni Battista, Santo Patrono di Aci Trezza. Il passaggio del fercolo davanti la sede del CSA durante la processione del 24 giugno è stata l'occasione per la prima uscita dell'Orchestra Galatea, il progetto musicale nato il 3 marzo 2013 all'interno dell'associazione trezzota e diretta da Graziano D'Urso del comitato culturale "Akis Live Music Project". Il complesso sinfonico ha eseguito l'inno dedicato a San Giovanni Battista e si è esibito con i seguenti musicisti: Loriana Finocchiaro (Pianoforte), Alfio Grasso (Violino 1), Erika D'Ambra (Violino 2), Federica Fichera (Flauto traverso 1), Andrea Cacciola (Flauto Traverso 2), Ottavio Cacciola (Maracas), Mauro Sciuto (Djambé 1), Gabriele Fichera (Djambé 2), Alfonso Lauria (Cajòn), Lucia Valastro (Chitarra Acustica - Ritmica 1), Mariateresa Parisi (Chitarra Classica - Ritmica 2), Salvatore Virgata (Sassofono Baritono), Francesco Di Gregorio (Basso elettrico 2), Giovanni Grasso (Basso elettrico 1). Al termine della prima esecuzione del brano, i soci del CSA hanno offerto un rinfresco ai rappresentanti della Commissione dei festeggiamenti e al corteo dei fedeli. Alla ripartenza del fercolo è stato riproposto l'inno dietro sentita richiesta dei presenti che hanno gradito l'esecuzione dei giovani musicisti. L'Orchestra Galatea ha già fissato i prossimi progetti in cantiere: incrementare l'organico e corredare di una sfumatura musicale la maggior parte delle iniziative culturali del Centro Studi Acitrezza. Graziano D'Urso, responsabile del progetto Galatea, al termine dell'esecuzione ha dichiarato soddisfatto: "E' con sincero entusiasmo che in qualità di Presidente del comitato culturale Akis Live Music Project vengo posto nella cura e nella coltivazione di questa giovanissima realtà musicale che nasce nel seno dell'associazione culturale Centro Studi Acitrezza per la valorizzazione dei talenti musicali del nostro paese. La Galatea è una sorpresa non solo agli occhi del pubblico ma anche al direttivo del Comitato, esibendo un potenziale davvero interessante e degno di particolare attenzione. Ringrazio di cuore il CSA per aver manifestato estrema sensibilità verso questa meravigliosa esperienza di genuina cultura artistica atta a valorizzare il nostro territorio".

Mercoledì 9 Ottobre 2013 ore 20.00 apre ufficialmente la stagione artistica 2013/2014 della Galatea - L'Orchestra de CSA, con un organico implementato di nuovi musicisti locali e con un repertorio arricchito di nuovi pezzi arrangiati all'uopo per lo speciale ensemble pop che è la Galatea. Gli apprezzamenti rivolti al complesso per le recenti pubbliche esibizioni hanno dato conferma della giusta via percorsa dai giovani musicisti, asseverando che l'orchestra ha le carte in regola per investire in tempo ed impegno per dare risalto ai preziosi talenti che la nostra terra conosce. Numerose sorprese ha in serbo questa realtà musicale, in particolare per il periodo natalizio, grazie soprattutto alla collaborazione con la Parrocchia San Giovanni Battista di Acitrezza nella persona di Don Giovanni Mammino. L'Orchestra Galatea tiene aperte le iscrizioni al fine di agevolare l'ingresso ai strumentisti che desiderino aderire al progetto musicale: l'età minima è di anni undici, ed ogni strumento è accolto; l'iscrizione è assolutamente gratuita ed al termine della stagione l'Orchestra Galatea rilascia attestato di partecipazione al progetto musicale valido per l'assegnazione di crediti formativi scolastici, nonché riconosciuto a fini artistici dalla Associazione Culturale Centro Studi Acitrezza e dal Comitato Culturale Akis Live Music Project.

Davvero entusiasmante l'esibizione della "Galatea - L'Orchestra del CSA" nel Concerto di Natale presso il salone dell'Oratorio parrocchiale della Chiesa del Ss. Crocifisso dei Miracoli di Catania: un grande successo che ha donato agli spettatori la gioia dell'ascolto di una buona musica frutto della sincera volontà dell'ensemble pop di fare bene. Ha presentato la serata, introducendo i pezzi del repertorio ordinario e natalizio dell'Orchestra, nonché i componimenti della poetessa Maria Grazia Falsone, l'esperta in comunicazione e valorizzazione artistica del Comitato ALiMP la Dott.ssa Motta Emanuela. L'Orchestra Galatea, diretta del Presidente del Comitato Culturale "Akis Live Music Project" Graziano D'Urso, ha eseguito: "Get Lucky" dei Daft Punk, "Knockin' on heavens door" di Bob Dylan, "Resta cu'mme" di Domenico Modugno, "Parole Parole" di Ferrio, "Piove" di Modugno, "E vui durmiti ancora" di Formisano e Calì in due parti: l'introduzione è stata affidata a Federica Fichera al Flauto traverso ed Annalisa Pennisi al pianoforte, e la seconda parte invece è stata interpretata dall'Orchestra in una forma inedita e riarrangiata in chiave moderna. Dopo le liriche "Noel", "Accendi una stella" e "Luce eterea" dell'artista d'eccezione, accompagnate al violino ed al pianoforte dal Prof. Vincenzo Adorna e da Annalisa Pennisi, l'Orchestra ha preseguito e terminato il concerto con: "White Christmas" di Irving Berlin nella versione dei Drifters, "Jingle Bell Rock" di Beal e Boothe, "Tu scendi dalle Stelle" di Sant'Alfonso Maria de' Liguori, "Silent Night" di Mohr e Gruber, per finire con "Rockin' around christmas tree" di Marks e Lee. Hanno partecipato: Annilisa Pennisi (Pianoforte), Antonio Grasso (Pianoforte), Gianluca Caltabiano (Pianoforte), Vincenzo Adorna (Violino),

Federica Fichera (Flauto traverso), Raffaele Fiamingo (Armonica), Dario Scimone (Tromba), Pietro Caltabiano (Tromba), Salvatore Virgata (Fagotto), Salvatore Sciacca (Batteria), Alfonso Lauria (Cajòn), Mauro Sciuto (Percussioni), Lucia Valastro (Chitarra Acustica), Mariateresa Parisi (Chitarra Classica), Giuliano Spina (Chitarra Elettrica), Sebastiano Patané (Basso Elettrico), Giovanni Grasso (Basso Elettrico). Al termine, il parroco Don Gianni Notari, ha donato ai componenti dell'Orchestra un ricordo dell'evento con l'invito - oltre che di un "bis" - ad una futura e proficua collaborazione.

ACITREZZA, ORCHESTRA GALATEA: CONCERTO DI BENEFICENZA PRO ORATORIO Il ricavato donato per le opere di allestimento e manutenzione. D'Urso: "Valorizziamo le risorse artistiche del territorio". Ieri sera si è svolto nel salone principale dell'Oratorio parrocchiale di Acitrezza il "Concerto di Capodanno" a cura delle associazioni culturali Centro Studi Acitrezza e ALimP (Akis Live Music Project). L'iniziativa pro oratorio è stata organizzata per raccogliere fondi a favore della struttura parrocchiale per le opere di allestimento e manutenzione. Dopo la recente esibizione nel salone dell'Oratorio parrocchiale della Chiesa del Ss. Crocifisso dei Miracoli di Catania, il gruppo di musicisti trezzoti e non guidato da Graziano D'Urso, Presidente del comitato ALiMP, si è esibito con un repertorio formato da una prima parte di sei brani di musica leggera tratti dal suo repertorio ordinario, spaziando dalla musica pop/rock contemporanea a quella italiana degli anni '50 e '60; una seconda parte dedicata ad un momento di poesia accompagnato da due solisti dell'Orchestra in cui reciterà tre componimenti la poetessa acese Maria Grazia Falsone; ed infine la parte caratterizzante di questo concerto, con cinque brani del repertorio natalizio tratti dalla musica contemporanea e da quella tradizionale. La serata è iniziata con i brani d'apertura "Get Lucky" dei Daft Punk, "Knockin' on heaven's door" di Bob Dylan (che l'Orchestra ha dedicato a Ciccio Marano, noto gestore di musical service catanese scomparso lo scorso aprile e che avrebbe fatto il compleanno proprio ieri), "Resta cu'mme" di Domenico Modugno, "Parole Parole" di Ferrio, "Piove" di Modugno, "E vui durmiti ancora" di Formisano e Calì. Maria Grazia Falsone ha letto la poesia inedita "Noel", "Accendi una stella" tratta da Respiro di… Verso del tempo e "Luce eterea": tratta da Appunti di Viaggio. Il tutto accompagnato da Vincenzo Adorna al violino, ed Annalisa Pennisi al pianoforte. L'esibizione si è conclusa con il repertorio natalizio dell'Orchestra Galatea: "White Christmas" di Irving Berlin nella versione dei Drifters, "Jingle Bell Rock" di Beal e Boothe, “Tu scendi dalle Stelle” di Sant’Alfonso Maria de’ Liguori, “Silent Night” di Mohr e Gruber, per finire con “Rockin’ around christmas tree” di Marks e Lee. L’Orchestra Galatea è un progetto musicale nato nel marzo 2013. Lo scopo è quello di coinvolgere i musicisti delle frazioni del Comune di Aci Castello e non solo, al fine di creare un punto di aggregazione culturale giovanile che sia di riferimento musicale per la nostra località. L'auspicio è quello di valorizzare le risorse artistiche presenti nel nostro territorio, e di estendere la musica dal vivo, la musica d'insieme, la musica strumentale nel territorio delle Aci. L'organico composito di questa realtà musicale fa di essa un complesso sinfonico moderno, che contempla i seguenti strumenti, sia tradizionali che pop: pianoforte, violino, flauto traverso, armonica, fagotto, tromba, flicorno, chitarra classica, acustica ed elettrica, bassi elettrici, batteria, tamburo, cajon, djambé. I componenti sono i seguenti: Annalisa Pennisi (Pianoforte), Antonio Grasso (Pianoforte), Gianluca Caltabiano (Pianoforte), Vincenzo Adorna (Violino), Erika D'Ambra (Violino), Federica Fichera (Flauto traverso), Raffaele Fiamingo (Armonica), Dario Scimone (Tromba), Pietro Caltabiano (Tromba), Salvatore Virgata (Fagotto), Salvatore Sciacca (Batteria), Alfonso Lauria (Cajòn), Mauro Sciuto (Percussioni), Umberto Bonaccorso (djambé), Lucia

Valastro (Chitarra Acustica), Mariateresa Parisi (Chitarra Classica), Giuliano Spina (Chitarra Elettrica), Sebastiano Patané (Basso Elettrico), Giovanni Grasso (Basso Elettrico). Graziano D'Urso, Presidente del Comitato ALiMP, dichiara a fine concerto: "L'Orchestra Galatea è un chiaro esempio di impegno concreto e di passione per ciò che si fa: è la prova che volontà è potere, che quando una cosa la si vuole la si realizza. Ed il merito sta nei giovani musicisti che la compongono, desiderosi di valorizzare le risorse artistiche presenti del territorio, con lo spirito, che è quel sincero sentimento d'amore per il nostro paese, che guida noi ed anima da sempre l'associazione culturale che ha dato vita a tutto questo".

Due serate musicali all'insegna della beneficenza e dell'allegria. Si è concluso ieri il viaggio di due tappe dell'Orchestra Galatea del Centro Studi Acitrezza. Le due manifestazioni sono state organizzate dall'associazione culturale CSA e dal comitato culturale Akis Live Music Project. Parte del ricavato è stato devoluto in beneficenza alle parrocchie San Giovanni Battista di Acitrezza e al SS. Crocifisso dei Miracoli di Catania. Le somme serviranno a sostenere i lavori di manutenzione delle strutture oratoriane. Le serate sono iniziate con i brani "Get Lucky" dei Daft Punk, "Knockin' on heaven's door" di Bob Dylan,

"Resta cu'mme" di Domenico Modugno, "Parole Parole" di Ferrio, "Piove" di Modugno, "E vui durmiti ancora" di Formisano e Calì. Dopo una breve pausa di qualche minuto, la seconda parte degli eventi è stata dedicata a un repertorio musicale di Carnevale: "Rock On" di The Hunters, "Brazil" di Barroso e Himmer, "Quando Quando Quando" di Cesari e Renis, "El cumbanchero" di Hernandez. Graziano D'Urso, responsabile dell'Orchestra Galatea, ha commentato così le due serate: "Esprimo sorpreso entusiasmo per l'affiatamento di questo ensemble pop. La Galatea cresce ogni settimana, numericamente e qualitativamente, più di quanto potessi aspettarmi. In un anno ne ha fatta di strada: proprio il 3 marzo festeggia il suo primo anno di vita. In questi mesi ha dimostrato sincera volontà di fare bene, maturare, intrattenere, e divertirsi con la musica".

Nel mese di Giugno 2014 la nostra Orchestra ha tenuto due concerti in due diverse location del territorio catanese, esibendo nuovi pezzi del repertorio ed estendendo l'area di attività dell'ensemble pop. Domenica 15 Giugno 2014 la nostra Orchestra ha avuto l'opportunità di presentarsi sul panorama musicale etneo nel contesto dell'evento Etnainprimavera, concludendo così la serie di Domeniche dedicate alla vetrina più importante della Primavera del Comune pedemontano. Il repertorio eseguito è stato il seguente: "Get Lucky" dei Daft Punk, "Knockin' on heaven's door" di Bob Dylan, "Resta cu'mme" di Domenico Modugno dedicata a Graziella Rimini, docente scomparsa la mattina dello stesso giorno, maestra di vita spesa per la comunità del paese di Acitrezza, "Parole Parole" di Ferrio, "Piove" di Modugno, "E vui durmiti ancora" di Formisano e Calì, "Hey Jude" dei The Beatles, "Tarantella" di Vincenzo Adorna, "Inno a San Giovanni Battista" di Don Salvatore De Maria, "Brazil" di Barroso e Himmer, "Quando Quando Quando" di Cesari e Renis, "El cumbanchero" di Hernandez, Inno di Mameli, questi ultimi quattro brani sono stati dedicati all'esperienza brasiliana dei mondiali di Calcio della nostra squadra nazionale. Il pubblico, che ha apprezzato ed applaudito il gruppo musicale trezzoto, riceve il ringraziamento da parte del direttore Graziano D'Urso, per l'opportunità musicale concessa, il quale saluta i presenti con la promessa di tornare per nuove ed altrettanto entusiasmanti esibizioni musicali nel Comune etneo. A Piazza dei Lavatoi, antistante la sede dell'Associazione Culturale "Centro Studi Acitrezza" in Via Fontana Vecchia, l'ensemble pop trezzoto ha donato alla comunità del paese una esibizione musicale dedicata al Santo, aprendo il concerto con l'Inno a Lui dedicato, il quale riarrangiato per l'occasione, è stato accompagnato dal canto dei devoti presenti. Il pubblico, i fedeli e tutti passanti rimasti ad apprezzare il complesso, hanno pure ascoltato a seguire la "Tarantella" scritta dal primo violino della Galatea, il M° Vincenzo Adorna, poi "Brazil" di Barroso e Himmer, "Quando quando quando" di Cesari e Renis, "El cumbanchero" di Hernandez, ed a conclusione "E vui durmiti ancora" di Formisano e Calì. Il concerto, organizzato dall'Associazione CSA e dal Comitato ALiMP, è stato accompagnato da un rinfresco. Questo evento, assieme alla diretta internet, si inserisce fra le attività che l'Associazione realizza gratuitamente in occasione dei festeggiamenti 2014 di San Giovanni Battista di Acitrezza. Nei due eventi hanno partecipato i seguenti componenti: Annalisa Pennisi (Pianoforte 1/Organo), Antonio Grasso (Pianoforte 2/Tastiera), Raffaele Fiamingo (Armonica), Pietro Caltabiano (Tromba), Corrado Vitale (Tromba), Alfio Cavallaro (Tromba), Mattia Siragusa (Tromba), Alberto Maugeri (Trombone), Salvo Sciacca (Percussioni/Trombone), Salvo Virgata (Fagotto/Sassofono Baritono), Maria Catena Pagano Scorcio (Sassofono Soprano), Loredana Emmi (Sassofono Contralto), Marco Ferrera (Clarinetto), Alessio Caltabiano (Clarinetto), Patrizia Sciacca (Clarinetto), Vincenzo Adorna (Primo Violino), Mario Valenti (Violino), Dario Decovich (Chitarra Ritmica), Lucia Rita Valastro (Chitarra

Ritmica), Mariateresa Parisi (Chitarra Ritmica), Giuliano Spina (Chitarra Ritmica), Gianluca Caltabiano (Chitarra Ritmica), Seby Patané (Basso Elettrico), Giovanni H. Grasso (Basso Elettrico), Dino Santonocita (Batteria), Alfonso Lauria (Cajon), Mauro Sciuto (Percussioni), Graziano D'Urso (Direttore).

L'Orchestra Galatea conclude la stagione artistica 2013/2014 con i due concerti del mese di Agosto nei giorni del 20 e del 31. Grande successo per le due date, arricchendo la realtà musicale acese di nuove esperienze. Mercoledì 20 Agosto 2014 ore 23.00 la nostra Orchestra ha tenuto il Concerto sul Maniero Normanno di Acicastello in occasione della rassegna culturale e mostra d'arte internazionale organizzata dall'associazione culturale Centro Studi OmniArtEventi denominata Omia Arte Festival - VII Edizione. Per la prima volta l'ensemble pop acese si esibisce sui ruderi del simbolo del nostro territorio: il castello arabo-normanno. Con un bellissimo ed incantevole scenario di mare, faraglioni, le colline rappresentate dall'Houel, le luci del paese, l'organico ha voluto interpretare: “E vui durmiti ancora” di Formisano e Calì, “Tarantella” di Vincenzo Adorna, “Brazil” di Barroso e Himmer, “Quando Quando Quando” di Cesari e Renis, “El Cumbanchero” di Hernandez. Arrangiamenti ed orchestrazioni di

Graziano D'Urso. Domenica 31 Agosto 2014 ore 23.00 è stata la volta del paese natale: la Galatea ha tenuto il Concerto al Centro Storico di Acitrezza in occasione della rassegna culturale e mostra d'arte e d'artigianato locale organizzata dall'associazione culturale Centro Studi Acitrezza denominata TrezzArte, il villaggio degli artisti - IV Edizione. Ripete così, il gruppo musicale trezzoto, l'esperienza dell'anno precedente col doppio dei componenti, passando da 10 a 20 concertisti. Fra gli artisti, gli artigiani, pittori e musicisti, la nostra Orchestra ha avuto il piacere di interpretare: "Inno del CSA" di Graziano D'Urso, "The House of The Rising Sun" di The Animals, "Billie Jean" di Micheal Jackson, "Resta cu'mme" di Domenico Modugno, "Parole Parole" di Ferrio, "Piove" di Modugno, "E vui durmiti ancora" di Formisano e Calì, "Hey Jude" dei The Beatles, "Tarantella" di Vincenzo Adorna, "Brazil" di Barroso e Himmer, "Quando Quando Quando" di Cesari e Renis, "El Cumbanchero" di Hernandez. Arrangiamenti ed orchestrazioni di Graziano D'Urso. Attestato di Merito alla Galatea - L'Orchestra del CSA Omnia Arte Festival VII Edizione I concertisti ai due eventi (ricevendo gli attestati di partecipazione erogati da entrambe associazioni) sono stati: Vincenzo Adorna (Violino), Mario Valenti (Violino), Annalisa Pennisi (Pianoforte), Antonio Grasso (Pianoforte),

Pietro Caltabiano (Tromba), Alfio Cavallaro (Tromba), Marco Ferrera (Clarinetto), Patrizia Sciacca (Clarinetto), Sebastiano Patané (Basso), Giovanni Grasso (Basso), Raffaele Fiamingo (Armonica), Dino Santonocita (Batteria), Mauro Sciuto (Percussioni), Alfonso Lauria (Percussioni), Dario Decovich (Chitarra), Lucia Valastro (Chitarra), Mariateresa Parisi (Chitarra), Giuliano Spina (Chitarra), Gianluca Caltabiano (Chitarra), Graziano D'Urso (Direttore). La Galatea - L'Orchestra del CSA riposa nel mese di Settembre, e riparte per la nuova stagione con tante novità ad Ottobre. Si ringraziano l'Associazione Culturale Centro Studi Acitrezza, il Comitato Culturale Akis Live Music Project, tutti i collaboratori, i sostenitori ed i singoli musicisti del nostro ensemble.

Si è conclusa con successo la stagione natalizia dell'Orchestra Galatea, coi tre concerti tenuti dall'Ensemble pop nel territorio etneo, con importanti novità messe sul palco per gli spettatori ed i sostenitori. L'Orchestra del CSA ha tenuto il suo primo evento presso l'Oratorio Parrocchiale della Chiesa del Ss. Crocifisso dei Miracoli di Catania sita in Via Umberto; l'evento è stato accompagnato da una fiera del dolce il cui ricavato parziale è stato devoluto alla Parrocchia per le opere caritatevoli della stessa.

Caratteristica occasione in cui le nevicate stagionali hanno lambito la zona, arricchendo l'evento in pieno spirito tematico. La seconda tappa, Martedì 30 Dicembre, ha conosciuto per la prima volta il pubblico di Valverde: l'evento, organizzato dall'Amministrazione Comunale, ha visto l'Orchestra Galatea esibirsi nei brani natalizi e non, accompagnata da una degustazione di vini locali. Il Concerto si è svolto presso il parco Villa Silvia sito in Via Caramme a Valverde (CT). In conclusione, giocando in casa, Lunedì 5 Gennaio l'ensemble pop ha coronato il tour natalizio presso l'Oratorio Parrocchiale della Chiesa di San Giovanni Battista di Acitrezza sito in Via Dietro Chiesa; come per la tappa catanese, una vendita di dolci artigianali ha insaporito lo spettacolo musicale destinando parte del ricavato alla Parrocchia per le opere di manutenzione ed allestimento dell'Oratorio Parrocchiale, unico luogo del territorio abbastanza grande per tenere eventi culturali e musicali d'ampio respiro. Il concerto di questa data è stato dedicato a Luca Gulisano. Le novità: è stato inserito un cameo dedicato al canto lirico ed uno dedicato alle esibizioni solistiche; per la prima volta l'ensemble è stato diretto dal Vice Direttore eletto M° Annalisa Pennisi. L'amalgama dei generi musicali ha reso stimolante lo spettacolo, catturando piacevolmente l'attenzione del pubblico. I musicisti che si sono esibiti in queste tre occasioni sono stati: Annalisa Pennisi (Pianoforte – Vice Direttore - Maestro Accompagnatore), Antonio Grasso (Pianoforte), Vincenzo Adorna (Violino - Solista), Mario Valenti (Violino), Federica Fichera (Flauto Traverso - Solista), Maria Catena Pagano Scorcio (Sassofono Soprano), Alessandro Calderone (Basso Tuba), Vincenzo Li Pira (Flicorno Contralto), Alfio Cavallaro (Tromba), Pietro Caltabiano (Tromba - Solista), Dino Santonocita (Batteria), Alfonso Lauria (Cajon - Percussioni), Mauro Sciuto (Tamburello - Percussioni), Lucia Rita Valastro (Chitarra Ritmica), Mariateresa Parisi (Chitarra Ritmica), Dario Decovich (Chitarra Ritmica), Giuliano Spina (Chitarra Ritmica), Gianluca Caltabiano (Chitarra Ritmica), Sebastiano Patanè (Basso Elettrico), Giovanni Grasso (Logistica - Fonica), Graziano D'Urso (Direttore - BassBaritòn - Solista). Il repertorio eseguito è stato: Inno del CSA di Graziano D'Urso, Rockin' Around the Christmas Tree di Johnny Marks, Silent Night di J. Mohr e F. X. Gruber, Tu scendi dalle stelle di Sant' Alfonso Maria de' Liguori, Bist du bei mir di Johann Sebastian Bach, White Christmas di Irving Berlin, Vi ravviso, o luoghi ameni da "La Sonnambula" di Vincenzo Bellini, Non t'accostare all'Urna di Giuseppe Verdi, Paradisu d'Amuri di Claudio Quartarone e Lucia Anselmi, E Vui durmiti Ancora 1° parte di G. E. Calì e G. Fornisano e 2° parte di Graziano D'Urso, Tarantella di Vincenzo Adorna, Tico Tico no Fuba di Zequinha de Abreu, Quando Quando Quando di Cesari e T. Renis, Minor Blues di Graziano D'Urso, Billie Jean di Micheal Jackson, Brazil di A. Barroso. Per i brani d'Orchestra gli arrangiamenti e le orchestrazioni sono stati preparati da Graziano D'Urso e Salvatore Virgata.

Mercoledì 12 Aprile 2017, con ampio consenso dei membri dell'organico, è stato scelto il nuovo Conduttore e Direttore Artistico del pop ensemble, il violinista e compositore Mattia Cavallaro, 21 anni. Studente all'IMVB e collega del direttore uscente, assume il ruolo di guida della Galatea già per la preparazione dell'importante stagione estiva in programma per Luglio ed Agosto venturi. Graziano D'Urso, che dichiara "*con entusiasmo ed affetto rivolgo i miei migliori auguri di buon lavoro al bravo Mattia, che di certo saprà guidare un gruppo così volenteroso per gli anni a seguire: a lui vanno le mie più sincere congratulazioni*", assume l'incarico di vice direttore (oltre che di Baritono in organico) mantenendo comunque la veste di rappresentante legale per il periodo di transizione. Giovanni H. Grasso, storico Segretario, assume la funzione di Amministratore e Tesoriere del gruppo (oltre che di fonico dell'ensemble). Federica Fichera e Sebastiano

Patané conservano la posizione nel Direttivo dell'Orchestra del CSA come validi Consiglieri tecnici, amministrativi ed artistici. La stagione estiva della Galatea - L'Orchestra del CSA si preannuncia ricca di eventi, con un repertorio ricco di sorprese, e con la partecipazione straordinaria di artisti d'eccezione del panorama musicale Siciliano, classico e non solo.

3.4. Incisione del Disco

La Galatea – L'Orchestra del CSA ha concluso la sua attività nell'estate 2017. A seguito della cessione di conduzione d'orchestra - da Graziano D'Urso a Mattia Cavallaro (per i motivi noti) -, le prove di sala non hanno superato l'estate ed il progetto si è assopito.

La Galatea – L'Orchestra del CSA - ensemble che ha avuto il merito di coinvolgere numerosi giovani e meno giovani nell'attività performativa dal vivo nel territorio delle aci, e che ha dato il via all'accompagnamento musicale bandistico dei gruppi mascherati del rifondato Carnevale di Acitrezza -, resta comunque fra le più importanti iniziative musicali spontanee di Acitrezza, figlia del Comitato Culturale "Akis Live Music Project" e dell'Associazione Culturale "Centro Studi Acitrezza".

L'ensemble trezzoto ha pure partorito un frutto musicale quando, in occasione dell'incisione di diversi brani, ha pubblicato il disco Pop Opera – Volume I (fruibile da Youtube). I pezzi registrati presso i locali della parrocchia San Giovanni Battista di Acitrezza sono stati: Amapola – José Maria Lacalle Garcìa, O Sole mio – Giovanni Capurro ed Eduardo Di Capua, Brucia la terra – Nino Rota e Giuseppe Rinaldi, E vui durmiti ancora – Giovanni Formisano e Gaetano Emanuel Calì, Mi votu e mi rivotu – Francesco Paolo Frontini e Rosa Balistreri, Paradisu d'amuri – Claudio Quartarone e Lucia Anselmi, Vitti na crozza – Franco Li Causi, Un Amore così grande – Guido Maria Ferilli e Antonella Maggio, La Danza – Gioacchino Rossini e Carlo Pepoli, Inno del CSA – Graziano D'Urso, Minor Blues – Graziano D'Urso, Tarantella – Vincenzo Adorna, Slavonian Dance – Carl Bohm, Gabriel's Oboe – Ennio Morricone.

In tale occasione alcuni special guest hanno suonato i propri strumenti per l'inserimento del loro sound originale nel disco: Claudio Quartarone al mandolino (autore del brano Paradisu d'amuri) e Giorgio Maltese percussioni siciliane (già interprete di una lezione concerto per il Comitato Culturale "Akis Live Music Project" ed il Centro Studi Acitrezza).

3.5. Componenti

Il variegato organico dell'Orchestra Galatea ha permesso di spaziare fra i più diversi generi musicali e - in consonanza allo spirito artistico che ha irrorato il suo musical management (il Comitato Culturale "Akis Live Music Project") - è sempre stata prevista ed auspicata l'eterointegrabilità con strumenti etnici e caratteristici al fine di conseguire un sound originale, unico e distintivo.

I componenti dell'Orchestra Galatea si sono distinti nelle seguenti sezioni: Tastiere, Archi, Ottoni, Fiati, Percussioni, Corde. A loro volta queste si sono divise in ulteriori microsezioni in dipendenza dello strumento specifico.

L'accesso all'organico è stato concesso su audizione in dipendenza delle esigenze artistiche solo in determinati periodi dell'anno. L'indirizzo artistico circa la scelta dei componenti è spettato al management dell'Orchestra.

Di seguito la lista dei componenti che hanno partecipato a prove di sala, registrazioni ed esibizioni:

Tastiere - Annalisa Pennisi (Organo) - Loriana Finocchiaro (Piano) - Cristina Spina (Piano) - Antonio Grasso (Tastiera).

Archi - Alfio Grasso (Violino) - Serena Gallipoli (Violino) - Erika D'Ambra (Violino) - Giusy

Grande (Violino) - Mario Valenti (Violino) - Valentina Scuto (Violoncello) - Vincenzo Adorna (Violino) - Vincenzo Sottile (Contrabbasso) – Giusy Messina (Violino) - Maria Privitera (Violino).

Fiati - Marco Ferrera (Clarinetto) - Alessio Caltabiano (Clarinetto) - Andrea Cacciola (Flauto traverso) - Dario Scimone (Tromba) - Pietro Caltabiano (Tromba) - Mattia Siragusa (Tromba) - Alfio Cavallaro (Tromba) - Salvatore Virgata (Fagotto) - Raffaele Fiamingo (Armonica) - Piero Licari (Trombone) - Patrizia Scacca (Clarinetto) - Maria Catena Pagano Scorcio (Sassofono Soprano) - Loredana Emmi (Sassofono Contralto) - Salvo Sciacca (Trombone) - Piero Licari (Trombone) - Alberto Maugeri (Trombone) - Corrado Vitale (Tromba) - Alessandro Calderone (Tuba) – Giuseppe Bella (Tuba) - Vincenzo Li Pira (Flicorno) - Antonio Scandura (Tromba) - Federica Fichera (Flauto traverso), Samuele Russo (Tromba).

Percussioni - Ottavio Cacciola (Maracas) - Gabriele Fichera (Djambé) - Umberto Bonaccorso (Djambé) - Alfonso Lauria (Cajon) - Mauro Sciuto (Tamburello) - Dino Santonocita (Batteria), Giorgio Maltese (percussioni siciliane).

Corde - Giuliano Spina (Chitarra Acustica) - Steven Salerno (Chitarra Elettrica) - Gianluca Caltabiano (Chitarra Acustica) - Giovanni Grasso

(Basso Elettrico) - Francesco Di Gregorio (Basso Elettrico) - Virginia Pennisi (Chitarra Classica) - Lucia Valastro (Chitarra Acustica) - Mariateresa Parisi (Chitarra Classica) - Sebastiano Patané (Basso Elettrico) - Dario Decovich (Chitarra Classica) – Carlo Pellegrino (Chitarra Classica) – Simona Pirronello (Chitarra Classica) – Claudio Quartarone (Mandolino).

Il curatore designato degli arrangiamenti dell'Orchestra "Galatea" (dal 3 Marzo 2013), strettamente coadiuvato dai responsabili di sezione, è stato il Presidente (dal 24 Aprile 2012), Social Media Manager e Chitarrista del Comitato Culturale e Band "Akis Live Music Project" Graziano D'Urso, già insegnante (dall'Ottobre 2009), fra gli altri, del Corso di Chitarra Ritmica e Solistica del Centro Studi Acitrezza, leader (dal 5 Agosto 2007) ed arrangiatore della band 8ttONerO (vincitrice della XV, XVII e XIX edizione del Festival della Canzone "Città di Acitrezza"), Direttore Amministrativo (dall'1 Settembre 2011) e Chitarra elettrica ritmica e solista (dal 2007 al 2013) della Nuova Orchestra "Riviera dei Ciclopi", esperto in musical management e didattica chitarristica moderna (dal Settembre 2006).

Il mandato come direttore d'orchestra di Graziano D'Urso è durato dal 3 marzo 2013 al 12 aprile 2017; nei mesi seguenti fino alla fine delle attività ha conservato la sola direzione artistica.

3.6. Elenco esibizioni Orchestra Galatea

24/06/2013 - Esibizione dell'Inno a San Giovanni Battista in occasione dei festeggiamenti del Santo Patrono (Acitrezza - CT);

25/08/2013 - Concerto in occasione dei "TrezzArte, il villaggio degli Artisti" (Acitrezza - CT);

29/12/2013 - Concerto di Natale presso l'Oratorio parrocchiale della Chiesa del Ss. Crocifisso dei Miracoli (Catania);

04/01/2014 - Concerto di Capodanno presso l'Oratorio parrocchiale della Chiesa San Giovanni Battista di Acitrezza (CT);

27/02/2014 - Concerto di Carnevale presso l'Oratorio parrocchiale della Chiesa San Giovanni Battista di Acitrezza (CT);

02/03/2014 - Concerto di Carnevale presso l'Oratorio parrocchiale della Chiesa del Ss. Crocifisso dei Miracoli (Catania);

15/06/2014 - Concerto di Primavera presso Piazza Umberto I a Zafferana Etnea in "Etnainprimavera" (CT);

24/06/2014 - Concerto di San Giovanni Battista in occasione dei festeggiamenti del Santo Patrono (Acitrezza - CT);

20/08/2014 – Concerto al Maniero Normanno di Acicastello, in occasione della VII Edizione dell'Omnia Arte Festival;

31/08/2014 - Concerto in occasione dei "TrezzArte, il villaggio degli Artisti" (Acitrezza - CT);

29/12/2014 - Concerto di Natale presso l'Oratorio parrocchiale della Chiesa del Ss. Crocifisso dei Miracoli (Catania);

30/12/2013 - Concerto di Fineanno presso il Parco "Villa Silvia" di Valverde (CT);

05/01/2015 - Concerto di Capodanno presso l'Oratorio parrocchiale della Chiesa San Giovanni Battista di Acitrezza (CT);

24/06/2015 - Esibizione dell'Inno a San Giovanni Battista in occasione dei festeggiamenti del Santo Patrono (Acitrezza - CT);

19/12/2015 - Concerto di Natale presso l'Oratorio parrocchiale della Chiesa San Giovanni Battista di Acitrezza (CT);

27/12/2015 - Concerto di Natale presso l'Oratorio parrocchiale della Chiesa del Ss. Crocifisso dei Miracoli (Catania);

17/01/2016 - Concerto dell'Orchestra Galatea presso la Chiesa della Comunità parrocchiale di Santa Maria degli Ammalati (Acireale - CT);

4. Conclusioni

Questi tre capitoli non sono certo esaustivi di tutta l'attività musicale performativa dal vivo ad Acitrezza. Per esempio altre iniziative sono state condotte dall'Associazione Culturale "Centro Studi Acitrezza", dalle Commissioni per i Festeggiamenti dei Santi Patroni, dalle Parrocchie e dall'Amministrazione Comunale di Acicastello: iniziative occasionali, ma che comunque hanno arricchito l'esperienza musicale nella riviera dei ciclopi.

Questi tre capitoli comunque offrono uno sguardo precipuo a quelle che sono state le realtà più attive, stabili e certamente più prolifiche ad Acitrezza, realtà che hanno portato la loro gioia di fare musica divertendosi nelle località limitrofe e non solo.

La linea rossa che collega 8ttONerO, Comitato ALiMP e Orchestra Galatea è stata la guida carismatica e tecnica di chi scrive, guida che è stata declinata poi nel 2017 per la carriera operistica (così come si è già raccontato altrove).

Con orgoglio mi sento di poter licenziare questo testo per tutto quanto fatti di buono nel territorio delle aci e soprattutto nella mia amata Acitrezza.

Sommario

www.ingramcontent.com/pod-product-compliance
Lightning Source LLC
LaVergne TN
LVHW011714230826
846091LV00015BA/4153

9780244871741